早期中国研究丛书

祖先的风景

商代晚期的时间、空间和社会（约公元前1200——前1045年）

[美] 吉德炜（David N. Keightley） 著

陈嘉礼 译

上海古籍出版社

丛 书 序

　　"早期中国"是西方汉学(Sinology)研究长期形成的一个学术范畴,指汉代灭亡之前(公元 220 年)的中国研究,或是佛教传入之前的中国研究,此一时期的研究资料和研究方法都自成体系。以吉德炜(David Keightley)教授于 1975 年创办 *Early China* 杂志为标志,"早期中国"这个学术范畴基本确定。哥伦比亚大学近年设置的一个常年汉学讲座也以"早期中国"命名。

　　"早期中国"不仅是西方汉学研究长期实践中形成的一种实用分类,而且是探求中国传统文化之源的重要的实质性概念。

　　从最初的聚落发展到广大地域内的统一的中央集权专制主义的秦帝国建立,并且在汉代走上农业文明之路、确立起帝国社会的价值观体系、完善科层选拔官僚制度及其考核标准,早期中国经历了从文明起源到文化初步成型的成长过程,这个过程实际上也就是中华民族的形成过程。可以说,早期中国不仅奠定了中华文明的基础,也孕育、塑造了此后长期延续的传统中国文化的基本性格:编户齐民自给自足的小农经济长期稳定维系;商人的社会地位始终低下;北方游牧民族入主中原基本都被汉化,帝国疆域的扩张主要不是军事征服而是文化同化的结果;各种宗教基本不影响政治,世俗的伦理道德教化远胜超验的宗教情感;儒家思想主导的价值观体系以及由此造就并共同作用的强大的官僚制度成为传统中国社会的决定性力量，等等。追源这类基本性格形成伊始的历史选择形态（动因与轨迹），对于重新审视与厘清中华文明的发生发展历程，乃至重新建构现代中国的价值观体系，无疑具有至关重要的作用。

早期中国研究不仅是西方汉学界的研究重心，长期以来，也是中国学术研究中取得巨大进展的重要方面。早期中国研究在中西学术交流的大背景下，形成了独特的研究风格和研究方法。这就是：扩充研究资料、丰富研究工具、创新研究技术，多学科协同不断探索新问题。

1916 年，王国维以甲骨卜辞中所见殷代先公先王的名称、世系与《史记·殷本纪》所记殷代先公先王的名称、世系一一对照，发现《殷本纪》所记殷代先公先王之名，绝大部分出现在卜辞中。王国维把这种用"纸上材料"和"地下新材料"互证的研究方法称为"二重证据法"："吾辈生于今日，幸于纸上之材料外更得地下之新材料。由此种材料，我辈固得据以补正纸上之材料，亦得证明古书之某部分全为实录，即百家不雅驯之言亦不无表示一面之事实。此二重证据法惟在今日始得为之。"

出土文献资料在现代的早期中国研究中显示出越益重要的作用。殷墟甲骨 100 年来约出土 15 万片，其中考古发掘出土的刻辞甲骨有 34 844 片。青铜器铭文，1937 年罗振玉编《三代吉金文存》，著录金文总数 4 831 件，其中绝大部分为传世器。《殷周金文集成》著录资料到 1988 年止，共著录了金文 11 983 件。此后到 2000 年，又有约 1 350 件铭文出土发表。最近二三十年，简帛文献资料如银雀山简、马王堆帛书、定州简、阜阳简、郭店简、上博简等都以包含大量古书而深受关注。

严格地说，王国维所说的地下材料，殷墟甲骨、商周金文都还是文字资料，这些发现当时还不是考古发掘的结果，研究也不是从考古学的角度去研究。真正的考古学提供的是另外一种证据。傅斯年提倡"重建"古史，他主张结合文献考证与文物考证，扩充研究"材料"、革新研究"工具"。1928年，傅斯年创立"中央"研究院历史语言研究所，并立刻开始发掘殷墟。傅斯年在申请发掘殷墟的报告中说："此次初步试探，指示吾人向何处工作，及地下所含无限知识，实不在文字也。"从1928年10月开始一直到1937年夏，"中央"研究院历史语言研究所在殷墟共进行了15次发掘，发掘地点共11处，总面积46 000余平方米，这15次发掘收获巨大：在小屯北地发掘了53座宫殿基址。在宫殿基址附近还发现了大量甲骨。在小屯村北约1公里处的武官村、侯家庄北地发现了商代王陵区，发掘了10座大墓及一千多座祭祀坑。在小屯村东南约1公里处的高楼庄后岗，发掘出了叠压的仰韶、龙山和殷三种文化层关系，解决了华北地区这三种古文化的相对年代。在后岗还发掘了殷代大墓。在殷墟其他地区，如大司空村等地还发掘了一批殷代墓葬。殷墟王陵的科学发掘举世震惊。中国考古学也从开创之初就确立了鲜明的为历史的特色和风格。为历史的中国考古学根植于这块土地上悠久传承的丰富文化和历史知识的积淀，强烈的活的民族情感和民族精神始终支撑着中国考古学家的工作。近50年来，中国考古学取得了无比巨大的成就，无论是新石器时代城址还是商周墓葬的发掘，都是早期中国文明具体直观的展示。

不同来源的资料相互检核，不同属性的资料相互印证，提供我们关于早期中国更加确切更加丰富的信息，能够不断地解决旧问题提出新问题，又因为不断提出的新问题而探寻无限更多的资料，而使我们对早期中国的认识不断深入愈益全面。开放的多学科协同的综合研究使早期中国研究取得了辉煌的成绩。对其他历史研究和学术研究来说，早期中国研究的这种研究风格和研究方法或许也有其可资借鉴的意义。

王国维、傅斯年等人是近现代西方科学思想和知识的接受者、传播者，他们的古史研究是现代化的科学研究，他们开创了中国历史学和中国学术的新时代。现代中国学术的进步始终是与西方学术界新观念、新技术、新方法的传播紧密相连的。西方早期中国研究中一些重要的研究课题、重要的研究方法，比如文明起源研究、官僚制度研究、文本批评研究等等，启发带动着中国同行的研究。事实上，开放的现代学术研究也就是在不同文化知识背景学者的不断交流、对话中进步。我们举最近的一例。夏商周断代工程断代的一个重要基准点是确认周懿王元年为公元前 899 年，这是用现代天文学研究解释《竹书纪年》"天再旦于郑"天象资料的一项成果。这项成果的发明权归属韩国学者，在断代工程之前西方学界已确认了这个结论。将"天再旦"解释成日出前发生的一次日全食形成的现象的假说是中国学者刘朝阳在 1944 年提出的，他和随后的董作宾先生分别推算这是公元前 926 年 3 月 21 日或公元前 966 年 5 月 12 日的日食。1975 年韩国学者方善柱据此假说并参考 Oppolzer 的《日月食典》，首次论证"天再旦"记录的是公元前 899 年 4 月 21 日的日环食（《大陆杂志》51 卷第 1 期）。此后，1988 年美籍学者彭瓞钧、邱锦程、周鸿翔不仅也认定"天再旦"所记是公元前 899 年的日环食，并对此次日食在"郑"（今陕西省华县，$\lambda = 109.8°E$，$\varphi = 34.5°N$）引起"天再旦"现象必须满足的天文条件，第一次做了详尽理论分析和计算，并假设日食甚至发生在日出之时，计算得出了表示地球自转变化的相应的 ΔT 为 $(5.8 \pm 0.15)h$，将"天再旦"的研究又向前推进了一步。夏商周断代工程再次确认了"天再旦"这一成果，并为此于 1997 年 3 月 9 日在新疆北部布网实地观测验证。

本丛书不仅是介绍西方学者一些具体的早期中国研究的成

果,引进一些新的概念、技术、思想、方法,而且更希望搭建一个开放性的不断探索前沿课题的学术交流对话的平台。这就算是我们寄望于"早期中国研究丛书"的又一个意义。

只有孤寂的求真之路才能通往独立精神、自由思想之境。值此焦躁不安的文化等待时刻,愿"早期中国研究丛书"能够坚定地走出自己的路。我们欢迎所有建立在丰富材料缜密分析基础上、富有独立思考探索成果的早期中国研究著作。

著述和出版是长久的事业,我们只要求自己尽力做得更好一些。希望大家来襄助。

朱渊清

2006/12/2

写于学无知室

目　　录

译 者 序

　　把吉德炜教授的《祖先的风景：商代晚期的时间、空间和社会》介绍给华文世界的读者，自觉任重道远，我把全书书稿译完之后，觉得有必要向读者说明此书对华文学界的重要性，以及交代此书的翻译过程。

　　华文学界对殷商史和甲骨文的研究成果甚丰，每年均有令人瞩目的成果发表。近几年，域外中国上古史的汉学家亦逐渐多以华文发表其研究成果，华文学界的相关领域得到长足发展。虽然如此，我们仍然觉得有必要把吉德炜此书翻译成中文，以收补苴之功。

　　本书题目中的"时间、空间和社会"，无疑揭示了吉氏要探讨的主题就是殷商的世界观。商王崇拜祖先和自然界的神灵，在甲骨卜辞中得到充分的体现。吉德炜纯熟地运用卜辞证据将殷商的六十日干支循环历法与小屯殷墟的地理环境结合，重构殷商的社会。吉德炜郑重地提醒我们，殷商的历法极具系统性，这使时间有序地运行并被安排成商王向先祖进行祭祀的日程。殷商亦以观察月亮圆缺来记录历法，因此他主张使用"第一个月亮""第二个月亮"来说明商代历法；他又认为在殷商平民与王室之间，应该存在两个不同的历法系统。对于空间，吉德炜分成两类：一类是中央与周边；

另一类是宇宙与方位。殷商的领土显然相当大，而且边界不确定，其与周边各方国亦友亦敌的关系，使卜辞中有大量狩猎或征战的记载。吉德炜花费不少篇幅去讨论"四方"和"四土"，前者离殷商中心较远，可能是敌人的所在地，故卜辞中都视之为不祥之来源；后者则几乎没有任何敌对力量，甚至有农作收成，贞人们对四土并不担心。在最后两章，吉德炜结合时间和空间，勾勒了一个晚商社会，这个社会既有生人亦有死者，既有人类亦有动物，借此去呈现殷商的宗教和神话信仰。为了更有效呈现殷商社会，吉德炜还引用丰富的资料如自然环境、农业、动物、植物等来作引证。

　　虽然，吉德炜此书问世已二十载，但华文世界以此方法去研究殷商史或甲骨文的著作仍不多见。细味此书，吉德炜显然把甲骨文和殷商史置于世界文明的角度来研究，用今天的话语，就是"全球化"角度下的甲骨文与殷商史研究。虽然，吉氏全书没有使用"全球化""世界史"等相关概念的词语，但单从本书的参考书目中就可得知他有此想法，在他胪列的书目中有大量世界上古不同地区与范畴的研究著作，涉及宗教仪式、信仰生活、神话传说、历史回忆，甚至古动植物学和古人类学。在行文当中，吉氏纯熟地以这些资料作说明，给我们仔细地描绘，古代世界人类社会的面貌该为如何。本书呈现的，不只是殷商的世界，也是世界的殷商。

　　固然，世界上古文明的比较研究已成显学，但吉德炜做的功夫不是比较研究，他始终如一地做他专长的殷商史，文明之间的比较只是他的方法。马思中（Magnus Fiskesjö）在本书的一篇书评就提到，吉德炜的著作都在思考一个大问题：在全球比较的视野下，中华是如何产生的。[①] 马思中认为殷商史——乃至上古史都应置

---

　　① Magnus Fiskesjö, "Hail to the King: A Review of Two Books by David N. Keightley," *Early China*, vol. 37 (2004), p.571.

于全球视野下考察，殷商史留下的遗产，不仅留给日后的周汉中国，或往后的帝制中国，亦留给世界文明。显然，二十年前的吉德炜在此方面已有筚路蓝缕之功。作为一个美籍学者，吉德炜将原汁原味的中国殷商甲骨文带到世界，至少带到英语学术圈。今天，我们应该把它译成中文，带回中国。

本书的翻译计划开始于2013年。当时，我正在香港浸会大学攻读历史学的哲学博士学位，上海大学的朱渊清教授知道我正努力学习甲骨文，就找我翻译吉教授的这本书，并将由上海古籍出版社出版。对于当时仍是研究生的我，实诚惶诚恐，有幸，美国芝加哥大学夏含夷（Edward L. Shaughnessy）教授答应指导我做这个工作，更将此书的英文原版给我，以便我翻译。那时，我正准备于2014年初赴芝加哥大学东亚系顾立雅古文字中心作访问，夏教授则希望我利用此次访问的机会，开始翻译的工作。夏教授曾计划过，利用我留美的时间，与我一同前赴加州探望吉教授，但后来知道吉教授年事已高，不便讲话，也不好打扰了。今天回想，不无感叹。在芝加哥大学，我在夏教授的指导下，正式慢慢地一句一句译成中文。夏教授则耐心地修正我的译文（尤其是第一至第四章）。留美时间短促，我回港后又要提交博士论文，准备毕业，幸而，博士论文顺利过关，毕业后我亦马上开始在香港数所大学执教。在香港的教学任务重，又要兼顾研究，我为生计奔波，疏于翻译工作。

2017年3月，夏含夷教授访港，我在香港机场接他并共进晚餐，席间，我们提到吉教授刚于2017年2月去世，而本书的翻译工作只达一半，我更感有负吉教授。2019年，我转到山东大学任职，上海古籍出版社吴长青先生经夏教授处得知我转职山大，即又与我联系，表示出版社会继续支持此书翻译，我马上利用暑假和下半年的休假翻译余下的章节，最终在2019年12月下旬完成全书译文初稿。翻译上的转折，提醒我对待译文和校对要小心翼翼。吉教授的英文写作有其自身的特色，但为了方便中国的读者阅读，我采取的是意译方法，不追求每字每词的翻译，而是把英文原句的意思转成中文。因此，若把英文版和中文版对比的话，就不难发现某些不符合或有碍中文文意的英文原字词，我都予以删去，敬请读者理解。

在长达五年断断续续的翻译工作中，我必须感谢老师和朋友的帮助。深深感激吉教授，他写了一部优秀的作品，他流畅的英文书写和准确的表达，非常利于阅读和翻译。在翻译工作刚开始时，我特地发电子邮件向吉教授请教，他提出诸多宝贵意见（特别是第一章和第二章）；感谢夏含夷教授付出无限心血校对我的中文译文，又不厌其烦地解答我对甲骨学的问题；感谢内子晋旻，在翻译用词上为我提供更精确的意思；上海古籍出版社张亚莉女史负责任地完成编辑工作，时刻关心翻译进度和提供各项协助；我的两位研究助理张猛先生和王露晗小姐协助处理参考书目和索引部分的文稿，并统一全书的格式，在此一并致谢。

最后，我希望把此中文版献给吉德炜教授，相信他见到此书会很高兴、很欣慰。

陈嘉礼

己亥猪年冬初稿于美国檀香山

庚子鼠年立春定序于香港西贡

前　言

　　商朝之所以重要，是因为她是中国首个有文字记录的朝代，亦因为这些文字记录的出现，其文化为后来的周、汉两朝提供了深具意义的遗产。① 晚商的精英们为他们及其世界创造了一个极具象征性的秩序，同时，也有重要的历史价值。本书的时间跨度，就如本书书名题词（约公元前 1200 -前 1045 年）一样，"晚商"指从武丁（第 21 任商王，参图 1）到帝辛的统治时期（第 29 任商王）。

　　本书前两章是导论性的，点出了公元前 2000 年的最后几个世纪，河南北部安阳地区的气候和农业。笔者没有以环境为基础，即以"地理决定命运"论去确定晚商的上层结构，但笔者认为如要试图去理解晚商社会秩序的起源，需要考虑其生物和气候的影响，以及商代的精英、农民，因为他们在华北构建了一个早期的中国宇宙观。②

　　之后五章讨论了商代时间、空间和社会群体的概念。时间方

---

　　① 有关商代遗存的本质在后世政治文化上均有反映，详参 Creel 1937：254；唐英亚 1975；Keightley 1978a、1984、1988、1999b：289 - 291；Allan 1979；Schwartz 1985：16 - 39；Pankenier 1995；亦见本书第 8 章。

　　② "宇宙观"，是指一个物理宇宙的理论或模型并视为时间和空间的整体现象。有关早期中国宇宙观的研究，见 Allan 1991：74 - 111；Pankenier 1995；Hwang Mingchorng 1996；Wang Aihe 2000。

面,笔者比较关心的是商人理解时、日、月的分法及其推移的方法。
空间方面,笔者认同其他学者对地域的解释:"把想象投射到木、
水、石头的结构上(Schama 1995:61)。"换句话说,地域就是地形、
地势学的反面,是"一个文化与社会的建设,代表着一个简单和不
可避免的人工世界(Mitchell 1994:2)"。笔者感兴趣的是,晚商如
何理解和解决他们的外部世界,在这个外部世界又如何塑造其文
化。笔者更感兴趣的是段义孚(Yi-fu Tuan 1974:4、113)提出的
"恋地情结"(Topophilia),认为"人与地的情感结合",就像"夫妻感
情在土地上的表现"。笔者以此指出在商代土地观就像祖先观一
样,这不只是因为商人的祖先性神灵(与其他神灵)居住于此,亦由
于商人认为这些不论实体或象征的土地,都在商代创造和转化的
文化上扮演一个具备生产力和宗教的角色。对于社会群体,他们
就如本尼迪克特·安德森(Benedict Anderson 1991:6)所言,"是
杰出的,不在于他们的谎言或是真诚,而在于他们想象出来的风
格"。笔者对于他们的风格很感兴趣,因为我们可以从占卜卜辞中
看到商人的社会与自然的世界是如何想象和构建的。本书主要回
顾人类文化学中的研究,而不涉及商代政治与经济的研究。③ 这
些理论,都牵涉个别独立和重要性与否的因素,这些因素在三千年
前的秩序和认同感上扮演一定角色,笔者的处理倾向于"深描"
(thick description),或者,大家都可以质疑笔者的结论。

　　正如上文所言,这样的描述主要基于晚商的甲骨文,这些占卜
的记录给我们提供了很多对商王的见解,④ 它们是东亚地区发现

---

　　③　有关这些研究,可参 K. C. Chang 1980:210 - 259;Keightley 1983、1999b:
269 - 289。

　　④　超过 46,000 片的甲骨拓片已经出版(有关的图片,见 Keightley 1990:40、
53)。有关商代甲骨的介绍及作为史料之使用,见 Keightley 1978、1990、1997、1997b、
1999c。

最早的书写文字,其产生的过程是:作为商廷主要官员的贞人,或者是商王,在庙堂上主持占卜礼仪,贞人会宣读占卜的内容,这些内容被现代学者称为"命辞"。用火灼烧钻凿的部位,甲骨因高温产生裂纹,在甲骨表面出现"卜"纹(于图7及8均可见),商王就会从卜兆的不同破裂角度,判断占卜结果是"吉"还是"凶",商王由此宣告他的预测。这些资料,一般都会在进行礼仪时写在"贞人笔记簿"上,而最后刻在牛肩胛骨或龟腹甲上成为记录,有时候,亦会连同"验证"的部分,记录此后确实发生的事情。⑤ 很多占卜都并非完整的记录,完整的占卜记录包括"前辞"(占卜的日子及贞人的名字,笔者在后面引用的卜辞一般都会省略,见《凡例》第2页)、"命辞"(主题,在笔者的翻译中都放入双引号)、"占辞"(商王的预测,如下文卜辞[23]、[54AB]、[58])和"验辞"(事情结果,如卜辞[3A]、[18]、[19])。被省略的验辞提供更多有关占卜时地的信息和具体情况(如[54AB]、[58]、[108])。⑥ 这些刻写了文字的甲骨大概在地上放置一段时间后才埋入距离安阳西北3千米的小屯宗庙区内。大批甲骨长埋于此而不为人知,直至20世纪初才重见天日。⑦

呈现数量相当庞大的甲骨卜辞,笔者希望让读者有近乎触觉的感受,不仅要当一个晚商商王或贞人,更要当一个用这些材料工作的学者。近期出版的收录将近42,000片甲骨的《甲骨文合集》,我的感受值得在此引用一下:

---

⑤　有关殷商占卜更详尽的介绍,见 Keightley 1978:6-56。有关假想的"贞人笔记簿"的存在,见 Keightley 1999c:218-219。

⑥　有关这些占卜及其用词更详尽的介绍,见 Keightley 1978:28-30、33-35、40-45。注明卜辞四个部分的例子,见[51]。译者按:由于作者只有在甲骨卜辞的英文翻译才提到卜辞各个部分,为方便读者,译者在[51]卜辞,也注明各个部分。

⑦　有关甲骨卜辞的发现及早期学者的研究,见 Lefeuvre 1975;王宇信 1981:3-25;吴浩坤、潘悠 1985:1-18。

　　笔者……指出在《合集》所示的卜辞中，应有实时接触的感觉。例如，阅读武丁时期（《合集》11750－13048）的 1,300 片有关降雨的拓片都极富启发性，在这些数量庞大的事件性牛骨和龟甲上的兆纹和雕刻，提醒我们占卜的描述和记录对商王朝是极为重要之事……事实上，以翻阅经验来说，这些一页又一页的拓片都呈现着……与标准式询问不太一致的特定主题……如果《合集》没有做其他的工作，它就鼓励着我们去回应在甲骨上展现丰富多变的历史内容……这些近乎压倒性数量的殷商文字的储存库，能让每位甲骨学者都从中得到新思维的刺激和思考。⑧

在内容上，笔者希望向读者介绍超过一百五十条甲骨卜辞，这些都是中国最早期的文字记录，我们很需要加以研究。

　　我们可以这样理解：甲骨卜辞给予晚商"原史"（protohistoric）的角色，这些文字仍未"完全发展完成和用以记录历史"（Barnes 1993：19；亦见 Bagley 1999：130）。事实上，殷商的文字系统已有很好的发展，而殷商极有可能有其他未被保存的记录。⑨ 其文字系统的存在与当时在中国蓬勃发展的青铜文化区别开来（Bagley 1999：181）。但是，现存资料确实有限，卜辞也只能重建晚商某些方面的历史。占卜是殷商重要的制度，但却没有理由去假定占卜能代表整个的和变化多端的殷商文化（亦见下文页 101－102）。笔者早前说过（Keightley 1978：212），甲骨卜辞告诉我们"殷商祭礼的记录比殷商信仰的音乐留下更多记载"；这些留存在上下文中的

---

⑧　Keightley 1990：49。本书所有的拼写，均使用汉语拼音，《甲骨文合集》，见引用甲骨卜辞书目《合集》条。译者按：作者在此注提到汉语拼音是因为该引文的英文原文引用《甲骨文合集》时使用 *Heji*，此使用为本书首个汉语拼音。

⑨　Creel 1937：171－173；Keightley 1969：349－350，1999b：285、287；Bagley 1999：182；Boltz 1999：107－108。

记录，至少让我们知道这音乐的声音如何，结构如何。

　　考虑到这些，笔者希望通过这本书的介绍，能在甲骨卜辞的园地中漫步，并提出一些可能在表面上可辨认的联系，使我们可进一步探索。本书基于当代的材料，介绍了晚商精英们及其日常生活。鉴于卜辞本身性质的挑战，以及当代对卜辞解释的分歧，简单的"介绍"显然不足，亦会引起误导。因此，对某些主题，本书都不会仅仅简单介绍，笔者会尽己之力去提示进一步的研究并包含一些阐释性的问题。我们对于晚商卜辞及由卜辞而延伸的文化仍在不断探索当中。

　　这项研究最早的版本发表于1995年3月3－4日于加州大学柏克莱分校中国研究中心（Center for Chinese Studies）举行的中国研究年会"Empire，Nation，and Region：The Chinese World Order Reconsidered"上。笔者很感激鲍菊隐（Judith Boltz）、白牧之（Bruce Brooks）、马思中（Magnus Fiskesjö）、夏德安（Donald Harper）、刘学顺、班大为（David Pankenier）、普鸣（Michael Puett）、王安国（Jeffrey Rigel）、夏含夷（Edward Shaughnessy）、高岛谦一（Ken-ichi Takashima）、罗泰（Lothar von Falkenhausen）和叶山（Robin Yates），他们为本书增强了准确性以及勾画出更精确的范围；笔者亦特别感谢学院同事和华盛顿大学1999年春季两周甲骨文讲论会上的学生，他们包括：鲍则岳（William G. Boltz）、Matt Carter、韩哲夫（Zev Handel）、Gong Hang、郝瑞（Stevan Harrell）、罗斌（Robin McNeal）、方妮安（Newell Ann Van Auken）、杨宿珍（Suh-jen Yang）、余霭芹（Anne O. Yue）和Xiaorong Zheng。笔者亦要感谢高奕睿（Imre Galambos）检查了引用的卜辞，感谢李丞浚（Seung-joon Lee）承担本研究的助理工作。当然，本书所有错误，文责自负。最后，感谢Joanne Sandstrom为本书做了明晰和有效的校对。

凡　例

笔者在本书中为甲骨卜辞的引用提供了一个简易的列表（页132－140），[①]笔者主要引用两种著作，并以《类纂》和《综类》代表，旨在让读者了解引用的卜辞在甲骨上的形式（笔者一般写成现代汉语）及其他与此相关主题的卜辞。《类纂》是姚孝遂和肖丁主编的《殷墟甲骨刻辞类纂》（北京：中华书局，1989）的简称；有关此书对商代甲骨卜辞引用的介绍，见 Keightley 1997。《综类》指岛邦男的《殷墟卜辞综类》（第二修订版，东京：汲古书院，1971）；有关该书1967年版的书评，见 Keightley 1969a。两本著作也同时载于本书引用甲骨卜辞书目。

《类纂》的引用，与目前无所不包的《合集》（第一章注释5）中的甲骨文拓片可作比较；《综类》是对首次出版的拓片记录其原型的著作，好让我们理解早期与此相关的学术研究。在此亦需说明，《类纂》和《综类》的原文并非完全一致，当笔者在《类纂》中不能找出相关的资料时，《合集》的资料能在姚孝遂和肖丁主编的《殷墟甲骨刻辞摹释总集》（北京：中华书局，1988）（书评见 Keightley

---

① 　译按：在正文部分，所有引用的卜辞前面都会加上［］，［］内的数字是引用卜辞的序号。页132－140 的列表是每条引用卜辞的出处。

1997)中找到，此书引用所有在特定甲骨中的卜辞，并提供卜辞的语境研究。

本书亦提供书籍引用卜辞的索引（页 140－146），记录卜辞在《合集》或其他早期著作中的出版资料（均载于引用甲骨卜辞书目），并让读者确定本书中论述了哪些卜辞。

在本书中，笔者将利用大量的卜辞，并向非专家的读者表达笔者愿意向他们介绍甲骨卜辞的愿望，一般来说，因为要做全面考虑和经常引用技术性问题，笔者不会提供详细的注解或翻译完整的资料（例如，笔者会将前辞中的日子和贞人名字删去）；而笔者亦把引用的卜辞做分期（见第一章注释 13）。当笔者表达如武丁那样特定商王的特定主题时，可能会在所有或大部分卜辞中选取适量跟商王统治时期有关主题的卜辞。

在卜辞数字后的"正""反"代表该卜辞在甲骨的正面或反面，"臼"（如《合集》7287 臼＝[141]）代表该卜辞刻于骨臼。卜辞[]中A，B，C 等的应用，代表同一甲骨上出现同一组卜辞的顺序。A、B等附加在《合集》的卜辞数字后（如《合集》12870AB＝[125A－E]），乃重组断开的同类卜辞。

在引用或释译的卜辞中有些椭圆形符号，笔者予以删除，因为这些符号跟重点关系不大，亦因笔者对此理解不深；□表示在原版卜辞中的佚字；☑ 则表示一个以上的佚文。"?"表示笔者把卜辞翻译成现代汉语时，不能确定其意思。括号是补充卜辞的意思；中括号[]是整修已佚但原应存在的字或词，笔者应该向读者呈现最原始和完整无缺的卜辞。

第一章　气　候

在约公元前 4000 年至前 3000 年的时期,安阳地区在经过湿润的"全新世气候最适宜期"之后,气候的趋势与全球大致相同,都是逐渐变冷和干燥。龙山时期(约公元前 3000 年至前 2000 年),热带、亚热带及水生动植物都陆续在安阳地区消失,但却相继出现充沛的雨水、草木和茂盛的森林,温度亦比现在暖和约 2 至 4 摄氏度。在公元前 2000 年末期,也正是晚商时期,亚热带动物日渐被温带动物如马和黄牛取代,就是很好地说明安阳地区的气候趋冷。此外,古动植物的研究揭示,华北从此时到公元前 1000 年的气候都较今天潮湿。[①] 如果以晚商时期和现在比较,晚商时期连续几个月下雨,现在却几乎无雨。[②]

晚商的气温比现在高,但在冬天时节,却出现显著的分别。在

[①]　有关全新世时期中国气候的论述,详参 Shi Yafeng et al. 1993;Winkler and Wang 1993;Keightley 1999a:33-36。张光直亦总结了学界有关商代气候的研究,参 Kwang-chih Chang 1980:136-141、145。有关晚商文化核心地区河南的研究,参满志敏 1991:266-269。

[②]　参胡厚宣 1944:38;Keightley 1992。胡厚宣引用周汉两代的证据,指出先商时期华北地区的降雨比现在多(可参第四章注释 13)。有关在商代第一个月亮时期降雨的例子,可参[90A]验辞部分。而商代占卜中,有关"雨"的分类,可参温少峰、袁庭栋 1983:138-149。

全新世中期,冬天气温普遍比现在略高 4－5 摄氏度,而在夏季则略高 1 摄氏度(Shi Yafeng et al. 1993：229)。晚商时期的冬季气温比现在暖和,而全年温度的变化范围亦较今天的为小。虽然,地形因素的确扮演一定的角色,但是今天安阳地区,特别在夏天时期天气的易变,已比晚商时期显得更大。现时夏天,来自东南方的和暖季候风与太行山东边相互接触后,冷空气从山西高原降下,这在附近地区带来的暴雨为华北地区的七月份带来最大的降雨量。③ 此外,雨水往往在下午时分,特别是下午 2－7 时下降(Ramage 1952；Watts 1969：26),这意味着暴雨使农民根本无法在日间务农。在夏季,商王巡狩或进行户外仪式的时候,同样受着困扰。④ 武丁时期的贞人在卜辞验辞中往往都有下午下雨、暴雨等记载。⑤

　　根据《合集》中约 7％记载天气的甲骨卜辞可知,⑥相比现今易变的天气,我们可以见到晚商的天气绝无如此极端,⑦晚商时期的

---

　　③　Chu Ping-hai 1967：173、360、370。笔者于 1981 年 4 月 22 日询问安阳地区气象局气象台,其有关 1951－1980 年的记录,六月份的平均降雨为 57.0 毫米,七月份为 190.4 毫米,而八月份则为 154.5 毫米。

　　④　在全新世气候最适宜期,华北平原出现较强的夏季季候风,潮湿的时期直至公元前 1000 年；有关讨论可见 Kam-biu Liu 1988：7、17；An Zhisheng et al. 1991：10；Winkler and Wang 1993：247、249、254。同时西伯利亚地区高压区亦见减弱；见 Shi Yafeng et al. 1993：239。

　　⑤　见下文卜辞[18]。另外,有关彩虹及午后降雨,可见卜辞[126]；亦可见《合集》12808、12809、13442 正(雷及彩虹)、20421、20957、20962、20965－20997、21021。

　　⑥　郭沫若、胡厚宣及其他《合集》的编著者把 2,832 片甲骨(占已发表的 41,956 片甲骨中的 6.7％)置于“天气”的栏目下(根据《合集》第 1 册最前页未分页码的表)。不过,其他有关天气的卜辞因为在同版甲骨上有其他卜辞内容,故被置于其他栏目下。有关《合集》的书评,见 Keightley 1990：39－51(其中页 45－46 有讨论分类的问题)。

　　⑦　从中央气象局(1979：129－130、132－133)1951－1970 年的河南北部天气的统计数字可知,四月份有 50％-60％是易变的气候,七月份有 40％-50％。年均降雨量超过 700 毫米,当中有 60％是从五月到八月,而七月是最高降雨的月份,有 301 毫米(曹兵武 1994：61)。这些数字远超于本章注释 3 所示的,不过,安阳气象台的数字仍然表明,1951－1980 年五月至八月间,年均降雨量仍有 71％。

商王明显有好的理由去关心天气,并反映在命辞中,如:

[1] 今日乙王其田湄日亡灾不遘大雨[8]

和下雨一样,商王和农民们受风的影响也同样可以和今天安阳地区相比较,今天的安阳,风由四方八面吹来,并于四月下旬至六月上旬期间,偶尔对农作物造成破坏,[9]人们期望风是可以触摸和有力量的,但害怕在巡狩时"遘大风"(例子见[15]),事实上,有些商王确实担心此种情况,并在占卜时有所反映(《类纂》1198.1－2)。[10]华北平原的风的确很强劲,协助商王的贞人们要估算风的力度和时间。[11]商王亦要主持一系列的仪式,包括奉上犬、羊、猪等作为祭物,以期求平定大风(在卜辞里说成"宁风";《类纂》1032.1,《综类》388.1):[12]

[2] 其宁风三羊三犬三豕

---

⑧　有关商王不想遇大雨的命辞,可见[16]及《类纂》1198.2－1201.1;《综类》455.4－457.2。有关笔者在本书中对卜辞的引用及描绘请见"凡例"(页1),及"卜辞引用检索表"(见页132)。而有关甲骨卜辞中"其"的功能及使用,见本章注释13。

⑨　中央气象局1979:173－196。根据安阳气象台的记录(本章注释3),1－3、5、6及11月是风速最强的月份(每秒20米)。而3、4、5三个月份中,均记录风速最强的日子达到博福特风级(Beaufort Scale)7或8级,3月平均3.4日,最多16日;4月平均4.4日,最多14日;5月平均3日,最多18日。

⑩　正如顾立雅所言(Creel 1937:181):"(商)在安阳向风的祭祀是相当独特。现代旅客到安阳地区会被无情和不断吹来的沙尘所影响,使他们的外衣和脚变成和泥土的颜色一样,旅客们定必希望拥有魔法般的能力去平息这极强的恶魔(强风和沙尘)。"笔者也有在华北地区遇上强风的经验,根据笔者在1981年4月14日一封在北京写的家书中所言:"感觉到外出有一股巨大的力量和气压从北边或西边吹过去,迫使着空气和沙粒吹进屋内。风暴使屋内充斥着沙尘的气味,而房子的门在强大气压转变下亦被弄破。"

⑪　有关商代文化中风的角色,可参赤冢忠1977:433－434、441－442、572－573(Keightley 1982:290,291,299,301)。而有关风在商代占卜中的种类,可参温少峰、袁庭栋1983:155－159。

⑫　石璋如(1959:307)就曾指出商代的祭坑中曾以犬(如卜辞[2]和[4])和羊(如卜辞[2])为祭品(可参考Fiskesjö 1994:81)。石氏又引郭璞(公元276－324)之言,表示在后世仍有以祭犬方式以求平定大风的仪式。

商人对风的想象如同其他自然现象，都是对己有利亦有害，在"帝"
（上帝）的指令下：

　　［3AB］翌癸卯帝不令风。（验辞：）夕雾/翌癸卯帝其令风[13]

在某些罕见的卜辞中，风犹如帝的使者般出现：[14]

　　［4］□于帝史风二犬□
　　［5］燎帝史风一牛[15]

这些命辞指出，商人曾试图去理解风在他们世界中的力量，并把风
的神灵置于帝的指令之下，构想风犹如帝的下属一样。[16] 这些使

---

　　[13]　笔者在卜辞中使用"/"旨在分隔在同一甲骨所出现的另一组对贞卜辞。有关对贞卜辞意义的介绍，可参 Keightley 1988。有关对贞卜辞深入的考察，可参周鸿翔 1969；李达良 1972。而有关"其"字在卜辞中的准确用法，已有广泛讨论，例如：Keightley 1995；Takashima 1996；Nivision 1996。笔者在此要特别强调，正如司礼仪所言（Serruys 1974：25‑33），在 1 期宾组（详见下文）的对贞卜辞中，有很多例子都说明"其"是用于选择两个行动中不太愿意或不太想要的那个（如卜辞［3B］中，"其令风"亦译成"可能命令风"）（例子亦可见 Keightley 1988：372，390，注 8，9）。这类例子，可见于卜辞［3B］、［10B］、［21BDF］、［45B］、［61A］、［63A］、［76BDFH］、［78DFH］、［90B］、［104B］、［150B］及［151A］。高岛谦一（Takashima 1994）综合各学者的意见并提出，当"其"用于时态词时，［3AB］的卜辞就当译成"上帝不会命令于风'/'上帝可能下命令于风"。（有关甲骨文自 1 期［武丁］到 5 期［帝乙及帝辛］的分期论述，可参 Keightley 1978：92‑94；Shaughnessy 1982：83。而近期的综合性研究，可见李学勤、彭裕商 1996）
　　[14]　［4］、［5］是两条唯一可见"帝史（＝帝使?）"一词出现的卜辞，有关其意义尚有很大讨论的空间。如果我们参考"帝五臣"（上帝五位仆人，见第三章注释 39）的解释，我们可以确信商王会对自然现象授予官衔。
　　[15]　笔者把甲骨文"牛"译成"bovine"，因为卜辞一般没有指明牛是雌性或雄性。
　　[16]　笔者使用"神灵"一词，是因为商人相信风在他们的世界是一种万物有灵的力量。笔者是从 Lienhardt 讨论有关苏丹丁卡人（Dinka）的宗教概念时导出此词（Lienhardt 1961：28），他说："这些神灵……开创了限制人类在时空活动中以外的分类；不过他们并未为自己想象出一个分离的'精神世界'。"笔者以"神明"一词用于祖先、其他更本土或更个人化以及超越人类的表现模式。笔者不使用"超自然"一词是因为这是对晚商文化落伍及不准确的描述，有关这点，可见 Nadel 1954：3‑4；Lienhardt 1961：28；Saliba 1976：150。Robin Horton 说得好（Robin Horton 1974：136）："非洲的思想家（在此可看成晚商思想家）对超自然现象而非自然现象感兴趣是较合理的，情况如物理学家对核子而非自然现象感兴趣一样。两者都在使用相同的理论来超越自然现象的局限，这些自然现象的理解往往来自常识。"

者,亦可能以凤这个形式出现。[17]

帝亦会驱使其他大气现象出现,除了风,雨和云(见[45A]和[45B])都是例子。

[6A] 燎于帝云

明显地,燎祭可以使天降雨,在同一甲骨片中的另一命辞中亦指出:

[6B] 及今十三月[18]雨[19]

卜辞预期了雨可能在闰第十三个月亮时(十二月或一月)[20]降下,这是其中一个证据说明晚商降雨量比今天为多,正好,今天的同样时间根本无雨。[21]

如其他大气现象一样,雷都是受上帝指令的。晚商有关雷的占卜都被记录在第一、二、三、十和十三个月亮之时,如:

[7A] 帝其及今十三月令雷

———————————

[17] 有关风与凤之间的联系,可参陈梦家 1956:572、575-576;胡厚宣 1956:60、64;Schmidt 1963;Kwang-chih Chang 1983:68、74;白川静 1983:220。一个在后冈曾被盗墓的遗址(M5)中出土的青铜器陶壶上有鸟(凤?)的图案,图案上有一鸟形钮、周围有四个对称的人面浮雕,瞠目大口并朝向四方(中国科学院考古研究所安阳发掘队 1972:21,图版 3.3),这可被视为商代以风为神灵的代表之一。

[18] 学者把商代纪年法的"一月""二月"等译成"第一个月亮""第二个月亮"。笔者相信商人并未使用一个规定性的历法去记录月份的长短,而以观察月亮圆缺的方法来记录(有关这点,参 Pankenier 1992:41,注 15),故此,笔者在下文只使用"第一个月亮""第二个月亮"等说明商代方法,而使用"一月""二月"说明现代历法。

[19] 比对卜辞[7AB],卜辞[6B]可能被理解成"(上帝会在某时)来到现今第十三个月亮,下令降雨"。

[20] 有关商代在冬至开始首个阴历月后的序列,可参页 38。参考现时的历法,商代第一个月亮当指十二月底至二月中;第四个月亮当指四月至五月;第九个月亮当指九月至十月,如此类推。

[21] 根据 1951-1980 年安阳的天气记录,十二月(平均降雨量 6.5 毫米)和一月(平均降雨量 3.7 毫米)是全年最干旱的两个月份。

[7B] □帝其于生一月令雷②

这提供更多的去减少晚商冬天的严重程度的方法，因为雷则大多出现在和暖的季节。在现今的安阳，雷雨一般在 4 月 21 日（也是商代约第四月亮时）开始降下，最强的雷雨则在七月或八月，而终于九月中旬（也是商代第八、九月亮时）。② 它们发生在商代第一、二、三、十和十三个月亮时，约相当于一至二月、二至三月、三至四月、十至十一月和十二至一月。在这些月份里，气候一般比今天的和暖多雨（温少峰、袁庭栋 1983：151）。正如[7AB]中所示的占卜，商人关心的是在第十三或第一个月亮时的雷雨，在周、汉两代时，每年首场的雷雨都是在新年时所下的。④ 这就说明雷雨在十二月下旬、一月或二月出现，并带有某种意义。此外，新的一年被视为农业的开始，我们就更有证据证明在晚商时期，一至二月是商人农作物生长的季节。商代的农业就是在此令人满意的气候中发展起来的。

　　讨论有关商代气候和天气时，我们很难去判断，殷商的风是一般的现象还是神圣力量的风。笔者假定，商人没有对自然现象和神性现象之间画一条明确的分界，他们居住的世界就是一个现实和神圣结合而没分隔的地域（Keightley 1978：212、212 注 2；DeBernardi 1992：249、252 - 253、256）。同时，实际情况亦某程度

---

　　② 其他有关雷的卜辞可见：第一个月亮：《合集》14128 正＝《乙编》6809、《合集》21021＝《缀合》78；第二个月亮：《合集》14129 正反、《丙编》图版 61＝《丙编》65 - 66；第三个月亮：《合集》11501＝《前编》7.26.3；第十个月亮：《合集》13406＝《后编》2.1.12。有关"生月"译成圆月，请参 Keightley 1997a。

　　② 胡厚宣 1944：62；Trewartha 1954：136；Chu Ping-hai 1967：368；Watts 1969：29；中央气象局 1979：211 - 13。根据 1951 - 1980 年的天气记录（见本章注释 3），当代安阳常在每年的七、八月下只有二至三天的雷雨（降雨量约或多于 50 毫米）。笔者就曾在 1975 年 6 月 1 日在商代小屯遗址遇到一场小雷雨。

　　② 《吕氏春秋·仲春纪》描写"月令"："是月也，日夜分（按：即春分，3 月 21 日）。雷乃发声，始电。蛰虫咸动，开户始出。"同样地，在周汉两代，农期结束在仲秋之时，也正恰好是停止下雷雨的时期（见《吕氏春秋·仲秋纪》）。

上决定商人将特定的现象视为宗教性还是现实性。虽然，如风和雨这些现象明显地被赋予某种精神上的意义，但卜辞却反映出风和雨是在上帝、土，或其他地上神灵的控制下而出现的现象（如卜辞[80]、[81B]；有关其他神灵，见[98]、[99A]），而非把本身视作神灵力量。由此，笔者不会以一般的名词如"风""雨"去描绘，因为商人视之为塑造他们世界的普遍力量，而非一般的自然现象。在卜辞[4][5]中，风以"帝的使者"式的特殊形态出现，或是祭祀活动中接受祭礼的一员，这都显示商人视风如神灵般的力量。同样地，当商人向风进行祭礼或献祭时（如卜辞[2]），商人想象风会因这些活动而变成一种神灵力量。不过，在卜辞[4]和[5]中，风则仍然是上帝的使者而没有自己强大的神灵力量。

　　在一些特定的场合里，商人也会视雨、雷和风为自然现象。纵使这些都不是卜辞上常见的主题（如[20A－D]、[21A－F]），或只是占卜活动中的配角（如[1]、[15]、[16]），又或许只是作为验辞而成为后世真正的天气记录（如卜辞[18]、[36]）。不过，我们很难确定商人是如何，或许在多大程度上对这些自然现象赋予它们神圣的身份，正如"帝令多雨"（《合集》10976 正，在后文第 4 章将再讨论），究竟应理解成"上帝会命令多降雨水"或是"上帝会命令'多雨'"？我们从其他卜辞如"多尹"（[74]）、"多马"（[147]）、"多犬"（[148]）中可以确定，"帝令多雨"应指上帝在命令"多雨"，这无疑加强以下观点：雨水乃作为一种神灵并听令于上帝。虽然，雨水很有可能被视为一种万物有灵的东西，不过，以下例子就很难解释"多雨"被描绘成神灵：命辞"多雨"，理解成"会降多些雨"；占辞"吉多雨"，理解成"吉：会下多雨"（《合集》12694 正；《类纂》1271.2）。事实上，对待这个问题，我们不宜下明确的定论。在众多概念和卜辞的翻译中，都应视乎商人在不同的场合中是如何理解、控制、记录这些自然现象的。

第二章 农 业

　　无论朝廷大员还是社会精英，他们都维护着商代的基本粮食——粟。粟在甲骨文里写成"黍"和"禾"。[①] 虽然，在商代遗址上几乎没有粟的出土(K. C. Chang 1980：146)，但新石器时代的华北地区却有大量粟的发现。[②] 周代的《诗经》已有大量有关粟的记录(Ping-ti Ho 1975：58)，公元 6 世纪的《齐民要术》亦同样记载

　　① 有关大量商代农业收成种类的古文字分析及其占卜研究，见 K. C. Chang 1980：146-148；温少峰、袁庭栋 1983：166-181；末次信行 1991：281-286。其他相关讨论亦可见《综览》，no. 0889。根据裘锡圭的意见(1989a：12)，禾在古文字中有狭义广义两种意思。前者是指粟(小米)，后者泛指粟类的作物。这是用以区分"黍"。笔者在上文把卜辞中的"禾"译成"粟"，是把粟类包括在内。裘氏亦指出，在大量"受年"、"受禾"(接受收成)的卜辞习用语中，历组贞人(一至二期)常使用"禾"而宾组贞人(一期)则用"年"。同样地，当表达"祈求收成"时，历组贞人使用"祷禾"，宾组、出组贞人(二期)则用"祷禾"(见肖楠 1982：100；胡厚宣 1986：60；冀小军 1991：35)。故此，笔者把"禾"译成"粟(收成)"。笔者亦同意鲍则岳对"年"和"禾"二字之间可替代性的意见(Boltz 1999：121)，他认为甲骨文字"禾"，"要么指'生长中的粟'，要么是从语义学上同源，但语音学上明显指'年'(收成)"，这是因为𠂤(年)字，"底部从𠂇(人……)，以此具体明确地说明'年'的读音(年……)"。(他提供的是古语音)贞人或书手选择"年"或"禾"时就可能考虑自身方言上的不同(有关甲骨卜辞方言的问题，参 Takashima and Yue 2000)。
　　② 见刘牧灵 1988：846-847；任式楠 1995：39；K. C. Chang 1999：44-46。柯恩(Cohen 1999：22)指出中国新石器时期的遗址中，小米(狐尾谷，Setaria italica)的数量比黍(高粱谷，Panicum milliaceum)占很大的优势，前者有约 60 个遗址，后者只有 10 个遗址。这些粟种类的可信性仍未得到确认，故此，虽然在中国的新石器遗址中找到粟，但仍要等待进一步的科学分析(Crawford 1992：24)。

公元前 12 世纪已有粟的存在。一些族群可能给粟起了不同的名字,③以致"黍"和"禾"(包括"小米"和"黍")成为贞人对"粟"使用时的普遍用语。要将"小米"从"黍"这类脱粉谷物中区分出来也不容易。④ 毕竟,贞人们只是祭礼上的技术人员而非农民,他们关心的是整体农作物收成(正如[58]、[71A－E]、[74]、[76A－H]、[113]),而非个别农作物的种类。

一、农期

虽然,有充足的雨量和炎热的气候,但是晚商农作物的成长季节比今天的还要长。华北地区的严寒及干燥气候,拖慢了晚商时期农业活动的发展。晚商农民挤在他们的小屋或深洞之中,在严冬之中根本得不到合适的地方种植粟物。⑤ 除非等到春雨降下,使大地湿润才能让农作物得以发芽。⑥

简言之,气候和农作物的关系能使我们去推测商人的情况:农民在春季和初夏种植粟物,秋季和初冬得到收成,并在冬季和初春重新准备田地迎接下一个耕期。虽然,有关商代农业和天气记录的占卜中占绝大多数都是无月份的(见本章注释 15),但他们保

---

③　台湾的原住民可能为我们提供了一个富启发性的分析:"每一个族群对'小米'均有其通用的术语……每个术语之间均有很大差别……"在泰雅族、布农族、排湾族、鲁凯族、达悟族五族的土著语言中,分别对小米的说法分别为 *tarakkesi*、*maxloch*、*vau*、*buchun* 和 *karai*。因此,我们去认清古代文本中粟的类型非常困难(Fogg 1983:110)。粟也导致"术语学上的混乱",事实上,"至迟自汉代开始,因为地域以及年代的转变,运用此词变得不是易事"(Needham and Bray 1984:438,他们引用了清人王祯所言的"粟之为名不一"[Needham and Bray 1984:441])。

④　Te-tzu Chang 1983:66,引用 Robbins 1917:212－218。

⑤　黍就很容易冻坏(Leonard and Martin 1963:743,746)。

⑥　Cressey 1934:169;Chapman 1937:114。《齐民要术》已指出:"凡种谷,雨后为佳。遇小雨,宜接种;遇大雨,待藏生。小雨不接湿,无以生禾苗。"

存的历法资料，配合现今安阳的降雨形态，⑦我们大抵能做一些推断：商人每年的农耕季节约在第十二个月亮（11 月底至 1 月中）时开始，同时会进行一场耕作祭礼：

　　[8] 王其灌糌亩往十二月⑧

命辞又记录了由第十三个月亮至翌年第二个月亮（即 12 月底至 2 月中）的"粟类耕作"，如：

　　[9] 亩小臣令众黍・一月⑨

在祭礼或是行政上都体现出商人在每年年尾或翌年年头进行占卜。⑩ 在众多"祷雨"（祈求下雨）的卜辞（《类纂》564.1－2 或《综类》206.2－3）均无月份的记载，但少量的资料显示，第十二个月亮至翌年第四个月亮（11 月底至 5 月中），是主要降雨的月份，当中

---

　　⑦　有关这点在商代时期的证据，初步研究可见 Wittfogel 1940；Keightley 1969：122，表 2"农业年历"。其他有关农年的讨论，可见张政烺 1973：97－99；郑慧生 1984；冯时 1990；末次信行 1991。而《诗经・七月》中所载的周代农期，亦可为商代农业活动提供一些资料，不过，在《诗经》中所使用的历法是否可信仍然存疑。许慎《说文解字》亦可提供粟的成长期资料，在《说文解字》中，"禾"（粟）解作"二月始生，八月而孰"，意即第二个月亮时开始生长，第八个月亮时成熟。假定许慎使用的是公元前 104 年创制的建寅历法，他提到的"第二个月亮"就相当于商代第三个月亮；而"第八个月亮"就当为商代的第九个月亮（在此是假定了商代历法是建丑历。见下文页 38）。

　　⑧　译者按：作者英文版中，此卜辞英译的意思是"商王会提供奠酒和耕作；他会前往（会去做）。第十二个月亮"。笔者对卜辞[8]的译法是暂时性的，其他译法可见 Tsung-tung Chang 1970：254（"商王会在此耕作？ 他会前往此田地？"）；Serruys 1974：56（"如果商王见到耕地，我们认为他会前往"）。在此，至少有一共识，命辞指商王参与农业的祭礼，而卜辞中的"糌"是"籍田"（或"藉田"）更早的使用语，籍田是指周代及后世君主主持农期开始的仪式（Karlgren 1957，no. 798i，a′，b′；岛邦男 1958：327、340－342；饶宗颐 1959：708；Keightley 1969：115－116，120－123）。笔者把"灌"译成"奠酒"（可见岛邦男 1958：327、340－342；Keightley 1969：116－119），但张聪东及司礼义译成"观"（观察），见《综览》，no. 0506；亦可参郑杰祥 1994a：340。

　　⑨　见《合集》9934 正（《类纂》536.2）＝《乙编》4055（《综类》197.3）。有关"众"，见第三章注释 23。

　　⑩　有关祈求收成与农年开展的关系，相关讨论见下文卜辞[149]。而有关在第十三个月亮（即过年之时）土地肥沃的占卜，见卜辞[116]。

以第一个月亮至第三个月亮（12 月底至 4 月中）最多。少数祈求收成（"祷年"；《类纂》530.1－531.2 或《综类》194.2－195.1）的占卜中，记录了月份的时期则以第一个月亮至第四个月亮或第九个月亮至第十个月亮为主。[11] 有关天气干旱或农作物受害的占卜则见于第一至第五个月亮之时，这时出现较多对新种农作物或刚发芽粟物是否成功长成的占卜，多少反映商人对此的焦虑。[12] 同时参考在第五和第七个月亮时，商人不希望出现洪水，正与六月到八月时常出现的暴雨吻合。[13]

在整个农年来说，在第六个月亮时（5 月底至 7 月中）开拓新的田地（如[74]），似乎已经相对较晚。萌芽时的粟物枯萎或腐蚀的时间可能给我们揭示一些新发现。[14] 同时，这可能为第二种农作物，即小麦作准备。事实上，末次信行（1991）主要基于占卜中与农业有关的月份分布，指出晚商最重要的农作物并非粟（夏季农作物），而是冬天的小麦。只要商王朝不是依赖第一类农作物以支持其经济的话，商人的确可以种植这第二类的农作物；在所有"受禾"、"受年"中的占卜，确实不需要直指同一类的农作物。不过，末次信行的假设仍需要大量证据去支持。首先，小麦直至春秋时期

---

⑪ 末次信行 1991：106，表 1，157、211，表 16。一些注有日期及具体地点的"受年"、"受禾"卜辞（如[78CD]及《合集》10022A[《类纂》372.2]＝《乙编》6519[《综类》196.2]），都是于第二至第三个月亮（2 月至 4 月）时占卜的。这些季节，大概是春天开始播种之时。

⑫ 例子如[11A]，《合集》10171 正（《类纂》419.2）＝《丙编》图版 63（《综类》38.1）。末次信行（1991：169，表 9）确定这些占卜介乎第一至第三、第九、第十一及第十二个月亮，不过这些月份不足以去得出一个可信的泛论。

⑬ 《合集》10163（《类纂》485.1）＝《前编》4.13.5（《综类》180.1）；《合集》23717（《类纂》487.1）＝《遗珠》393（《综类》265.2）。

⑭ 开拓新的田地及其时间的研究，见 Keightley 1969：102－108（讨论《合集》22[《类纂》362.2]＝《前编》7.3.2[《综类》502.4]，分析自董作宾 1945：II：4：6a－b；及《合集》6[《类纂》69.2]＝《甲编》3510.4[《综类》25.2]）；张政烺 1973：98（张政烺引用的卜辞日期是第五、第六及第十二个月亮）。

（公元前 722－前 453 年）都不是华北地区的重要农作物（Crawford
1992：25；Cho-yun Hsu 1999：577），故此，小麦不太可能是商代主
要的农作物。第二，我们亦无可行的方法去确定有关商代收成占
卜的特定目的；这既难去确定冬季月份所做的"农业"占卜是为春
天耕种作准备，亦难确定是否指夏季粟的收成，又或是针对冬季小
麦在春天收成。这些都是难以确定的。换言之，"受禾"、"受年"
的占卜应针对生长或准备收成的农作物。第三，从商代战争的时
间来看，工人们的淡季一般在冬季而非夏季。例如商代与人方的
战争中，就是发生在帝辛第十个祭礼周期（见页 68），由第九个月
亮至翌年第四个月亮，横跨超过 275 日；如果冬天的小麦是商代重
要的农业作物，这很难解释商代的主要战争活动要横跨整个冬天
来进行。在尚未有更确切的考古证据前，我们只能接受粟为晚商
主要农作物这一观点。[15]

二、害虫与疾病

现代的中国和安阳地区，粟都会被疾病所摧残。商代的农作
物都几乎不能幸免这类的灾祸。小米就容易感染黑粉病；当孢子
在土地过冬之后，疾病在干旱地区显得特别严重，农作物的替代就
成为最佳的控制方法。这些或许成为商代准备新田土的考虑原因
之一（本章注释 14）。这些疾病阻碍农作物生长，使它们长了异常
的外形和黄色的花冠，并对所有禾穗带来实质的摧毁。中国的小

---

　　[15]　佐藤武敏为末次信行该书中的序言（页 vi）亦提到该观点要谨慎处理。笔者亦
需指出，末次书中使用与月份和天气相关的农业卜辞资料，在其整体卜辞中占比少于
0.2％，而有很大部分是未有日期；末次亦只使用了很少的卜辞例子，这些例子亦不具代
表性。仔细地考察末次的论证，在某些月份是不会记录有关降雨的占卜（末次的结论），
但却会记录月亮的数字；而我们亦不能确定贞人们在全年的占卜中都一贯地记录月亮
的数。

米亦容易长出霉菌,这会导致 50％ 农作物的损失;有病的植物会变得矮小和发展出多余的分蘖。⑯ 晚商时期华北平原的潮湿天气想必导致出种种植物的疾病。⑰

面对植物被摧残和枯萎,商代的农民和贞人认为某些力量在攻击他们的农作物:

［10AB］ 羞弗害禾／其害禾

　　　　羞,指山的神灵,见页 93。

［11AB］ 佳帝害我年・二月／不佳帝害我年

［12A］ 佳夒害禾⑱

　　　　"夒"(或"夒")为商人高祖。

［12B］ 佳河害禾⑲

　　　　"河",指黄河神灵。

在这些占卜中,有些提到缺乏降雨使农作物受损;占卜中亦显出在植物受病之前,祈祷者在精神上有阻止它们受损的企图。事实上,某些如御祭的驱邪祭礼的卜辞,都是向先公时期的祖先,如上甲,或商朝祖先如祖乙(第 12 任商王,见图 1),或河(黄河神灵),去祈求保护收成(《类纂》535.2;《综类》197.1)。对商代社会各阶层的人而言,农作物的疾病的确为他们带来经济及宗教上的严峻挑战。

---

⑯　Buck 1937：4、32。他也列举了安阳地区的有关植物的疾病和害虫,包括:黑穗病(black smut)、黑粉病(kernel smut)、卷叶病(leaf curl)、锈菌(yellow rust)、介壳虫(scales)、蚜虫(aphis)、蝗虫(locusts)、黏虫(army worm)和蝼蛄(mole cricket)。商代的家畜很有可能受到一些如牛疫的疾病,但甲骨文却未见有类似的记载。

⑰　在近代中国,湿度与植物生病的关系,可参 Chapman 1937：115。

⑱　《综览》no. 0702 所列的大多数学者都认为 𤰔 应读成"夒"或"夒"(《类纂》577.2,《综类》211.3)。艾兰(Allan 1991：51)则指出此为"俊",相当于商人先祖帝喾(见第七章注 4)。

⑲　甲骨文中的"河"指"黄河",可参屈万里 1959。而晚商时期黄河的河道是比较接近殷墟小屯,见第七章注 29。

　　害虫亦同样使人头痛。不论帝制时期或现代，大群的蝗虫都使粟的成长受到严重伤害（马世骏等 1965；范毓周 1983：314）。《春秋》就有十次有关蝗虫侵害的记载，在公元前 624 年有"雨螽于宋"（Legge, tr., 1872：236；杨伯峻 1981：528）的记载。商人同样受到相同的困扰，我们从命辞可以得见：

　　[13] 今岁蝗不至兹商·二月

　　[14] 告蝗于河⑳

蝗灾往往伴随不合时宜的雨水、洪水或旱灾而来，唯一易于理解的是，由农年冬祭准备开始，至深秋或早冬农年结束之时，最后的收成收割，商王与贞人会紧急地不断进行各种祭礼和预测，祈求农作物得到滋润和生长并保障它们的收成得到妥善的储存。在农作物生长的季节，往往是受害最严重的时间（Chapman 1937：127 就交代了现代的情况）。每次成功的收成，都曾受过风雨、旱灾、洪水、昆虫和疾病的威胁，敌邦的攻击更不在话下。㉑ 这些经历都使商人留下深刻的教训，不单是保护自身的经济利益，更要维护自身的心灵。一个成功的收成，就代表了朝廷得以延续，一众神灵也展示了他们对商人的认同。㉒ 农民、贞人们和商王群策群力，纵然农作物会枯萎和腐烂，在这残酷的循环下，他们都经历祭礼、焦虑与胜利，年复一年地重新上阵。

---

　　⑳　并非所有学者把甲骨文𧒂译成"蝗"或"螽"（蝗虫）；相关资料可见《综览》，no. 1578。于省吾（1996：1835 - 1836）曾搜集有关"蝗虫"的可信资料。彭邦炯（1983：310）提出，甲骨文字𧒂（蝗）的底部加"火"，就成为"秋"（秋季）字，因为在早期中国，人们都会在秋季时驱杀蝗虫（有关此方法，可参《诗经·大田》，又可参范毓周 1983：315）。

　　㉑　验辞[82]记录了"舌方亦攻击了我们西方的田野"。其他在同一肩胛骨上的验辞，也记录了"土方侵我田十人"和"舌方出侵我示棘（?）田七十人五"，这些事件发生在第五至第六个月亮（由 4 月底至 7 月中），也正恰好是谷类作物的成长期。

　　㉒　有关当代台湾的原住民赋予谷类农作物的宗教意义，可参 Fogg 1983。

第三章　时间：日、夜、太阳

　　晚商的贞人们关心时间和现世的问题，他们尝试替商王和民众建构一个模式或给予一个可行的管理方法以助他们解决和面对困境。这和宇宙的节奏与农民的时间观念是不可分割的。在没有时钟的世界里，日出日落和月圆月缺成为最佳的时间代言人，这些现象代表了阴历的日、周和太阳年的流逝。① 对于商代的贞人而言，时间如地域和方位一样，都极具吸引力（见第五、六章）；时间亦是能被观察、有形态、易受控；时间就如空间一样，在宗教宇宙观上是不可缺席的，亦是所有宗教仪式和占卜预言的组成部分。人类的时间，就是用以分配日子、每年农业周期、王室成员生日、王室巡狩、征兵入伍的日程、农业或其他公共事务。这类的公共事务如宗教上的祭礼和献祭，判断哪天哪周吉利，又或者在意想不到的事件中遇到不测。常规性的祭礼，已预设了特定的时间和地点，并且越来越使之可预测和常规化。② 祭礼日程给予日子流逝的次序和事

---

① 见 Goody 1968：31、40 - 41。人类与宇宙周期，农民的生产以及未来活动的循环性正就是农民活动得以延续的设想。张培瑜（1986）提供了一个商代历法的研究摘要。

② 祭礼由"复杂的经验世界"转换成"秩序井然世界的象征"的情况，见 Wallace 1966：230（引自 Bourguignon 1979：243）。

件地点的意义。一周十太阳（或日；见下文）的历法显然对先王或先妣具象征意义，他们崇拜着照耀他们的太阳（页 31），并在独特的日子赋予特定的宗教价值。

正如前文所言，商王的随从和农民都受每年四季循环周期这自然限制和影响，他们对春夏两季怀着梦想，对冬季却只有焦虑。③ 同时，社会和经济生活的节奏，与不断运行的太阳、月亮及季节协调，我们都不能赋予其精确的客观意义，亦很难把这些日程弄得精确。太阳是否温暖、四季继续前行、天体的变位、行星的运行、日月的计算、特定先祖在特别日子的支配地位、风向和风力转变、不同候鸟的迁徙（见第七章注释 32）、种子的发芽和生长、农作物的收割、太阳不同角度下所代表的时刻、每天的进餐，通过这一切，祭礼的目的是要人定胜天，使自然受人控制。这些事件，确定了农民对时间的观念，由神灵降下的一切：日常的、季节的、风雨和冷暖，都与农民们不同的工作难分难解。这些迹象在周代诗歌"春日载阳，有鸣仓庚"（在和暖的春日，金莺高歌一曲；Legge, tr., 1871：228）中亦有出现，亦同样可于商代高唱。

商代对时间的观念，很多都是来自自然，亦是由自然来表达时间。至少，从每日周期而言，商代的时间观都回复到常设的序列当中。人们都会生老病死，但对于未来，人们却会用永无休止的六十干支历法来记录（页 33 及表 1），④并设想着自己仍然生存。而他们的先祖在死后的祭礼都是使用干支历法（见页 31、44 - 45）。每日周期的重复涉及很多方面的东西，例如多样的商代文化和不可缺少

---

③ 见第二章注释 7。对在各方各地的农民受农业周期的影响，请见 Goody 1968：31；Mandrou 1977：71、145。

④ "干支"一词，当为汉代的用法。在古籍中，"干"指"十日"（十个太阳）或"甲乙"（Shinjō 1926：201；Allan 1991：54 - 55）。

的幸运元素,但对战败、干旱、饥荒、疾病和死亡,就绝口不提。⑤
时间,跟祭礼与占卜仪式是相辅相成,纵使在商亡之前有所转
变,⑥但商代贞人仍然把六十日循环周期以线性时间观来记录。
商代所呈现的神圣时间观是具高度系统的;这个系统不可置疑地
联结到商代精英社会阶层的复杂祭礼上。⑦ 事实上,商代的占卜
能调整和完善社会及道德秩序,如果占卜活动不是与现世的事情
相连贯,商代也不可能享其繁荣盛世。⑧

一、日与夜

　　在武丁统治时期,均有大量名词指称日与夜的某段时间或某
一时刻。⑨ 最常见的是"明",当指破晓黎明之时([42]);"大采",

---

　　⑤　古迪(Goody 1968：39-41)提出在文字出现前和出现后的文化中,对时间研究应具的态度。他认为神圣或宗教上的时间是"很受制于循环性周期"。

　　⑥　见本书页31、44;亦可见 Keightley 1978：122,1988：378-383;Itō 1996：1：49-54。

　　⑦　布洛赫(Bloch 1977：288)就将社会结构与时间观念之间的联系做了考察。

　　⑧　读者可比较 Devereux 1968：452;Colby and Colby 1981：223。布拉里德(Bradley 1998：87-88)结合自己、山克斯及蒂利(Shanks and Tilley 1987)的研究,富有启发性地比较,认为"本质的时间是来自人们的经验"和"抽象的时间是被度量的"。前者是人们认知自己在时间上的"过去";后者则把时间当成"被管理"。他又指出"在同一社会往往出现多于一种的时间观念"。有关商代占卜及其宗教信仰的合法地位,见Keightley 1975。

　　⑨　见陈梦家 1956：229-233;Cheng Te-k'un 1960：229-230;姚孝遂 1985：116-124。宋镇豪(1985：315)确认了在甲骨文1期有14个时段(日间9段;晚间3段);3期至4期则有22个时段(日间10段;晚间6段)。较少使用的名词还有"妹"(《类纂》187.2;《综类》141.4;《综览》no.1422),指黎明前的时段,亦可指黎明(尤其见于第5期);"旦"(《类纂》431.1-2;《综类》161.2-3),指黎明([20B]、[21AB]);"食日"(《类纂》1067.1-2),指"进餐之时(?)"([20BC]、[21A-D]、[22A]),又可等同于"小食",可见《屯南》中的《释文》42(亦可参第八章注释7);"郭兮"(《类纂》1283.1;《综类》492.2)指正午之后([21EF];见宋镇豪 1985：318、330);"昏",指黄昏(《类纂》961.1;《综类》358.1)。宋氏亦绘制一个实用的表(1985：312、330、332-333),顺序地列出各时组在24小时内的时间位置,并比较商、周、秦、汉各朝对时间的划分。

大概是早上八时（[130]）；"小食"，"小餐"之时；"中日"指正午（[20CD]、[21C-F]）；"昃"指下午（[18]、[20D]、[126]、[130]）；"大食"，即"大餐"之时；⑩"小采"（[18]、[42]），大概下午六时；⑪𡃀，即𣂤（[19]、[26]、[41]），是指"夕"（晚间）时"切割"两个相连干支日的时段（如[19]、[26]）。⑫

　　正如很多古代社会一样，人口膨胀想必影响商代对日子的分段，而商代的日子相对地不是对时间有准确划归。⑬ 很多时段只是延续上一个时段，而非准确地对时刻的划分，例如，祭礼常在"日落"时举行（如[22B]），而所谓"日落"的时间，是太阳正在落下之时，而非确指日落的一刻。⑭ 在六个有关"中日"（正午）的占卜命

---

　　⑩　无论古代（董作宾1945：I：1：5b）和现代（Rickett 1973：80）中国，人们普遍每天用餐两次。江苏北部尹湾出土的西汉简牍有"蚤[＝早]食"和"餔时"，前者当指"早餐"，后者当指"下午餐"，两者是一日之中五个时段的其中两个（连云港市博物馆等编1997：145，简牍第77）。在商代的两餐（与时段）则分别为"小食"和"大食"。

　　⑪　有关"大采"及"小采"，见董作宾1962：411-412。晁福林（1989：162）指出，"大"和"小"并非指规模或状态，而是指"早"和"晚"，等同"上"和"下"。宋镇豪（1985：320-321）引录《国语·鲁语下》指出，"大采"和"小采"亦适用于祭礼。班大为（David Pankenier，未刊书信，1995年6月）则认为"大采"和"小采"指"黎明和黄昏时天空上的颜色"，故"彩"也具相同意思（也好像"采"一样；见Schuessler 1987：50-51）。董作宾（1962：412）则主张"采"等同于"光"。

　　⑫　以下的卜辞均可见这类名词：明（《类篡》440.1；《综类》162.3）；大采（《类篡》510.2；《综类》188.2）；小食（《类篡》1067.1；《综类》398.2）；中日（《类篡》1123.1；《综类》420.1）；昃（《类篡》108.2；《综类》39.1）；大食（《类篡》1067.1；《综类》398.2）；小采（《类篡》510.2；《综类》497.1）；𡃀（《类篡》1079.1；《综类》402.3）；夕（《类篡》427.2；《综类》161.4）。关于𡃀，见《丙编》96的注解，页135-137；龙宇纯1976；Keightley 1978：43，注79；Takashima 1979-1980：54，注释19。有关其他仍在讨论中的甲骨文字形研究，见《综览》，no. 5085。裘锡圭认为"向"是连结（即上文"切割"）两个相连干支日的时段。

　　⑬　芒德鲁（Mandrou 1977：69-70）就指出在16世纪的法国，对时间的描绘和历法的运行都是不完整、不精确和不统一。亦见（Goody 1968：40）："农民不需看着时钟……对于农民，时间就是自然的时间，他们可以随自己喜好组织自己的活动。"

　　⑭　在很多传统宗教里都有此情况。"犹太教徒每天在不同时间祈祷，包括早上（黎明之后）、下午（日落之前）和晚间（入夜后）。虔诚的犹太教徒会在适合的时间后尽快进行祈祷，不过，也容许因有特殊的情况，而不在这些时间中祈祷……对于犹太教徒，时间是聚合在一起，而非分散在一点（Landes 1983：59）"。

辞（《类纂》426.2）中，无一涉及祭礼仪式，它们所指的都是与雨有关。太阳日，既贯穿全年，长年又不一，无论如何，它们已是时间的一切意思，包括黎明、黄昏、进餐、下午的长度、夜晚的长度，而这些都会随季节而变化。[15] 即使对上层精英而言，记录在卜辞中的名词类别中，有些是基于太阳天体的运行（黎明、正午、下午），或是其他社会事情（进餐）。[16]

值得一提的是，商代的贞人们惯性地在每件事件之前进行预测，而在事件之后把结果记录在验辞中，这些卜辞都追溯自对日子的分段。在多数贞人组别中的命辞及占辞中，很少出现比日更短和更小的时间单位。[17] 例如商王从未在"吃小餐时"狩猎或"在下午时"出兵，这样短的时间内进行占卜。商王只会对某日或某些日进行占卜。同样地，我们亦可发现在很多狩猎的占卜中，商人都以整日作为单位来占卜，正如卜辞[1]和以下的例子：

[15] 王往田湄日不遘大风

[16] 今日王其田湄日不雨

[17] ☒王其田湄日亡灾

---

[15]　董作宾（1946.II.3：21a）提供了现代安阳地区日出日落的时间表。在安阳的纬度，夏至的白昼时间比冬至时多大约 4 小时 33 分钟。在 6 月 20 日，上午 4 时 46 分日出；下午 7 时 17 分日落，换言之，当天白天时间比夜晚多 5 小时 2 分钟；在 12 月 22 日，上午 7 时 4 分日出，下午 4 时 52 分日落，亦即是当天夜晚时间比白天多 4 小时 24 分钟。

[16]　正如兰德斯（Landes 1983：25）所言"自然"是不能提供准确的时间，时间是表达了时、分、秒……要提供准确的量度时间，我们先要问："谁人有此需要？"在晚商时间，每一天就是商人划分时间的单位，而非商人自身的细分，这就是贞人们或祭司们最基本的关注，由此而有六十天循环日的出现以满足他们的需要。

[17]　跟随陈梦家（1956：93）的意见，温少峰和袁庭栋（1983：78 - 79）把《合集》30658＝《粹编》784（《综类》458.1）的"甲申卜：今日亥不雨"翻译成"甲申这天贞卜：今日亥时，不会下雨"，这说明了商人已经把他们每天的十二个小时用作地支。虽然，没有其他卜辞能证明十二小时以地支为名，不过，就商代的习惯而言，命辞并非一成不变。笔者怀疑命辞中应有缩写："[自]今日（至丁）亥不雨"，"从今天（第 21 日，占卜日）（至丁）亥日（第 24 日）都不会下雨"（这是普遍的句式，见《类纂》72832 - 29.1；《综类》261.1 - 3）；亦可见郭沫若在《粹编》784 的论述。

很明显，对未来幸运与否的预测，本质上是从整日，而非整日中的某一时段而论的；贞人们既无能力，也不愿以他们的声誉作赌注，在未来的预测中给予一个具体的时间。具体时间又不是从不在卜辞上出现，在验辞中记录一些已发生的凶事，则会指明特定的时间，如：

[18] 三日丙申昃雨自东小采既

[19] 七日己未庚申月㞢[食][18]

在这些例子中，贞人面对不能控制而又已发生的事情时，会更愿意做精确的记录，反之，对可能发生的事情则不太愿意做详细的记录。

这种概括性的论述也非一成不变的，以下一些基本的题材中，就有很富启发性的例子：

[20A] 弜田其遘大雨

以下三条命辞指称特定的时段：

[20B] 自旦至食日不雨

[20C] 食日至中日不雨

[20D] 中日至昃不雨

[21AB] 辛亥卜：翌日壬日至食日不［雨]/壬旦至食日其雨

[21CD] 食日至中日不雨/食日至中日其雨

[21EF] 中日至郭兮不雨/中日至［郭］兮［其雨］

[22A] 叀食日彭王受又

[22B] 祷年叀暮彭[王受] 又

---

⑱ 亦可见[26]、[126]、[130]。

这类的命辞一般刻在肩胛骨而非胸骨上。⑲ 对于一些不应该发生的事，贞人会"堆上"一个指定的时段，就如[20B－D]，卜辞说整天都不会下雨，时段则分为由黎明至进餐，由进餐至正午，由正午到中午；同样相似的时段也呈现在[21A－F]中。一些涉及祭祀日程的卜辞，也会把时间细分指定的时段，就如[22AB]卜辞所示这类连商王也无力驾驭的事。在这些有特定时间的卜辞中，不论其性质如何，它们在历组（1期）和无名（王）组（2期至4期）中也只是有限度地出现。⑳

在一些如分娩的重要日子，占辞通常会记录一些"指定日期"，以显示贞人把指定日子连结到指定的卜兆，再连结其他有记录婴孩出生的"附属命辞"（Subcharges）。㉑ 例如，商王为妇好（武丁王后）的生育做预测时就曾指定某些日子，在占辞中所示：

[23] 其隹丁娩嘉・其庚引吉其隹壬戌不吉㉒

贞人指定了"丁巳"（第54日）、"庚申"（第57日）和"壬戌"（第59日）三个日期，就是说明三天均为妇好分娩的"卜兆日"，贞人以干支日顺序排列出每个占卜日的吉凶意思。

对"整天"预测的情况亦见于宗教、军事、行政、经济活动的计划之上，而这些计划，并不是有如时钟一样，要提供精准的时间。

---

⑲　亦可见于《合集》29784（《类纂》1067.1）的卜辞残片。

⑳　"历组"与"无名组（王）"为源出卜辞的现代命名。有关这个贞人组的介绍，可见 Shaughnessy 1982－1983；Keightley 1991：523－530；李学勤、彭裕商 1996：184－312。

㉑　有关"附属命辞"的诠释，可见 Keightley 1978：86；1991：8－16。中美洲伊西尔（Ixil）的占卜师亦作相似的方式："当婴孩出生后，（占卜师）会由左至右计量，通常从开始懂阅读的那天或首次发疾的那天，便赋予属于他们的日子的名字和数字。"（Colby and Colby 1981：226）

㉒　笔者把收录在《类纂》783.2（同见于《合集》14002 反）和《综类》309.2（同见于《乙编》7731b＝《丙编》248.7）中的验辞文字做了修正。

商人举行一个恰好的祭礼活动并在那些日子安排适当的祭祀（见页 27）。其实，在这些日子当中，也会有好些弹性，商人日夜生活的节奏中，总有一班永久被征召的劳动队伍——众。㉓ 由此我们看不出商人的日常生活中是实施一种精细的管理和控制模式。这并不是说一些指定的活动不是在指定的日子中实行；例如有关狩猎的占卜中，"全日"（如[1]、[15]、[16]、[17]）想必只是指早上（见下文）。无名（王）组的贞人，则会对祭礼仪式占卜出一个指定时间，如[22AB]。

　　正如前文所言（本章注释 15），昼夜长度的不同乃贯穿全年。在晚上，商人或会利用煮食、取暖以及芦苇火把的火来制造人造光。很多学者均认为商人在每日终结前会举行"点灯时间"的祭礼。㉔ 然而，蜂蜡仍未能制成蜡烛（Ping-ti Ho 1975：204 - 208），亦无考古证据指出商代曾使用油灯或其他种类的灯。㉕ 西周统治者在征战凯旋后，会安排在满月之时举行盛大庆祝（Shaughnessy 1980 - 1981：67、69；Nivison 1983：566；Pankenier 1992：43），这种活动同时为商人也依赖夜晚提供一定程度上的佐证。很多人的生活都是日出而作，日入而息（Needham 1959：419，注释 b）；但在夏季夜照时间较短时，商人会把一些活动推延在日落并且月圆之

㉓　有关"众"（亦见于卜辞[9]）的讨论及其地位，见胡厚宣 1944b；陈梦家 1956：610；Keightley 1969：66 - 74、1990a；张永山 1982：261；裘锡圭 1983a：14 - 19；姚孝遂、肖丁 1985：116 - 121；彭邦炯 1990；Kolb 1991：27 - 48。

㉔　见岛邦男 1985：284 - 285。其他有关 ᵁ 的条目，见《综览》，no. 0342（而相反意见，见于省吾 1996：435）。由此，《合集》25393（《综类》161.1）=《京津》3362（《综类》59.4）"王宾 ᵁ 裸亡祸"就应释成"当商王主持及举行亮灯的祭礼，便没有灾祸"（此论本于 Itō 1996：1：33）。

㉕　罗森（Jessica Rawson）在《剑桥中国上古史》饥饿岩（Starved Rock）会议（1994 年 11 月 4 - 6 日）上指出，西方世界的"灯文化"在东周以前的中国没有出现。代表光亮的灯火都不曾在墓葬文本中出现，或许，这是因为逝者本身就是"明"（光亮）的代表。伊藤道治（Itō 1996：1：41 - 42）探索其由，认为"祖先并非活在'地下世界'而是在'光明世界'"。

晚间进行。

商人特别注意一些像黎明和黄昏般的边缘时间，并为一些活动作重新定位；一些有关黄昏或晚间的占卜中，都充斥着一片恐慌（见本章注释 48），例如商王在黄昏离开王畿时，[26]这亦又是一个说明在一日循环周期中，一个在指定时段进行指定活动的例子。

二、太阳崇拜

商代的祭祀以祖先的名字与日子连在一起，给予每位祖先特定庙号，由此连结宇宙与人们的时间，商人根据这些庙号，对他们的祖先进行祭祀。[27] 在商代的礼仪中，每一位祖先均联系到十太阳中的其中一个，这至少能象征翻开十日祭礼周期的另一进程。[28]

---

[26] 董作宾 1945；II：5：23a；Itō 1996：1：33；可比照 Goody 1968：32；Mandrou 1977：55。这些都是有关战国时期的描述。例如，睡虎地文本（约前 217 年）就有利用方术的方法去"建立一个方术圈以保护商地"，《抱朴子》（约 320 年）亦出现类似的方法（Harper 1997：242）。此外，在 20 世纪 40 年代，中国的农村社会在晚上亦充斥着恐惧："鬼，一提它，人们头发都会立起来的。这几个庄子，一到晚间，就听不见一点人声了，娃娃在被窝里把妈妈抱得紧紧的，连大气儿也不敢出。别说黑夜，连大白天，太阳不落山，'受苦的'就从山上回来了，他们互相私语着，谁敢高声谈呢！"（陕甘宁边区政府办公厅 1944：27）。

[27] 笔者认为"庙号"就是逝者死后祭礼的称号，如大乙、祖丁、父甲、妣庚、母辛，这些都是以同类亲属加上一个以"干"为后缀的人称。笔者不厌其烦指出"干"同指"日"或"太阳"（见本章注释 4）。

[28] 从商人十种不同的祭礼命名和称号中，很难说明他们是相信世界有十个不同的太阳而非一个太阳。有关早期中国的太阳神话，见管东贵 1962；Allan 1991：19‐56。有关太阳和祖先两者身份的本质，可参 Itō 1996：1：40‐41。此外，商代对太阳的崇拜活动可能比想象的多，有关争论，见 Keightley 1997：517‐524。笔者在此文指出，读作"丁"的甲骨文字"□"（见 Itō 1996：1：139），应为"日"字的变形。《合集》11016（《类纂》530.2 及《综类》194.4[亦见《佚存》126]为误译）："甲子卜争贞：祷年于□♀十彡牛曹百彡牛"，可释读为"甲子（第 1 日），争占卜：为收成向（多于一个）太阳祈祷，我们将割十只有纹的牛及典当一百只有纹的牛作信物"，在六十天循环周期的第一天向太阳祭祀，并在每周的每一天割一只牛，再典当十只作信物。

"日"字，先天性地把"太阳"和"日"（一日）模糊起来，㉙我们亦无证据指出贞人在所有场合把"太阳"和"日"作明显区别；㉚"日"就是"太阳"，而每个祭礼日亦是在该祭日的指定太阳的力量影响下进行。㉛

　　祖先之外，太阳亦是被崇拜的对象，就如一个有自身能力的崇拜物：㉜

　　　[24] 呼雀𣂏于出日于入日宰㉝

正如上引卜辞所示，商王欲委派一位代表去执行祭礼，在这个例子，雀成为被派的一员。被委派者，就是拥有着商代政治中的社会和政治权力。㉞而这个祭礼中所指的日出日落，跟祖先崇拜全无

　　㉙　一些词组如"今日"、"自今日至"、"乞至几日"、"日雨"均指明"日"即指"日"（一日）。这些例子的用法，可见《类纂》430.2－431.1；《综类》160.4。有关"日"的本意源自一种祭祀的猜想，亦可见何崝1994：74－75、84、102。

　　㉚　在其他语言中，"太阳"等同"日"并非不常见。例如古埃及象形文字也是以同一符号代表这两字，见Boltz 1994：76、102；而高地玛雅族尤卡坦（Yucatan）人的基切语（Quiché）也具相似性，见Tedlock 1992：2。

　　㉛　在中美洲的伊西尔（Ixil）："日历上的每一天都代表不同特别属性的神灵，它们用以反映占卜的结果……每天人们在祭礼上祈祷都表明了日子是属于人们尊敬的神灵。"（Colby and Colby 1981：223、225）

　　㉜　有关商代对日出或日落的占卜例子，见《合集》13228、32119（＝《粹编》17[《综类》160.1]）、《屯南》1116、1578、4534及White 1569。以上各例亦见于《类纂》427.1－2、《缀新》543（＝《佚存》407等均在《综类》160.1）。

　　㉝　一些学者认为𣂏为祭祀的一种（《综览》，no. 5204）；有意见认为𣂏与斩首有关，见赤冢忠1977：189－190。

　　㉞　有关"雀"为一邦国或其他在龟甲占卜中的资料，见赤冢忠1977：145；Keightley 1978：9页注释29，21页注释92，25页注释116，26页注释121，56页注释156、167、168页注释117。有关雀的地望（[53G]的后辞有所论及），白川静（1957：53；引自Itō 1996：1：68）指出在郑州西北偏西约45千米，今温县。郑杰祥（1994a：221－223）亦怀疑雀的地望在郑州西北。根据其他学者的意见，笔者举举出郑氏对数个有关商代地名的确认，可能是纯粹推测，这些地名都是基于邦国间的地名、语音学和后世出现在文本中的次数而定。不过，郑氏已为商代的政治地理图像做了一个新近和全面的尝试。

关系,似乎太阳对商人也产生一定的吸引力。㉟

对日出日落的崇拜也涉及动物以至人类因献祭而由体内流出的血液,就如卜辞[24]及以下的例子：

[25A] 出入日岁刘四牛㊱

同一片骨有另一残缺不全的卜辞：

[25B] 癸□其刘入日岁□上甲二牛

贞人在同一命辞中向日落(应是在每周最后一天的癸日向日落进行祭祀)和商族先公上甲(应是在翌日的黎明进行祭祀,上甲的祭日也就是"甲",即下一周之始,亦是癸日之后的一日)进行祭拜,亦即是说,祭拜涉及指定的王族祖先及其与太阳的关系,两者对太阳崇拜的兼容亦同样适用于其他商人精英。

无论什么原因,对日出日落或太阳本身的崇拜,也不在常规的占卜日程中出现。太阳与日之间紧密的关系,落在一些特别祖先的庙号之上,以突显祖先的身份,另一方面,太阳也能减少对其单独祭礼和对太阳进行指定占卜的需要。㊲ 事实上,有关穹苍的现象,如日食月食、太阳黑子、日晕(solar halos)、天体汇合、超新星、彗星等凤毛麟角的占卜命辞中,明显对比出商人强烈关心的却是日常天气中涉及的风和雨(第一章注释 6)。商人想必对他们的天文现象作观察,但农民却关心他们的农业活动与某些星宿(如"大

㉟　常正光(1990)就指出对日出日落崇拜的背后(如卜辞[24]),与历法和宇宙论不无关系：在春分和秋分的时候观察日出日落,能确定季节的时间和东、南、西、北四个方位。这是一个发人深省的思索,不过商代甲骨却没有记录商人以太阳作此用途。

㊱　"卯"字在祭礼卜辞出现时,笔者会译成"刘",这是跟随高岛谦一的意见(Takashima 1979 - 1980：52;1984：36,注释 11、65 - 69;1984 - 1985：293)。亦可见《综览》no. 1702。

㊲　赤冢忠也有相近的见解(1977：444)。亦可参 Keightley 1997：517 - 524(摘要见本章注释 28)。笔者大胆推断,在商代的祭礼上均充斥着太阳历。见何崝 1994：1 - 110。

火"，心大星［Antares］，亦即天蝎座 α 星）的联系。⑧ 这是相当吸引我们去看看有关五颗行星的几条命辞，⑨以及以下的验辞，我们或许从中找到超新星（图 2）：

［26］七日己巳夕🜨［庚午］𡈼新大星并火⑩

受商周占星术的刺激，在命辞中寻找新星体（或其他太阳和星体现象）的名称，是为现代的尝试，但在笔者看来，却是大有问题。这并非否定占星术在商代政治文化中毫不显眼，⑪而是商代贞人主要关心的并无反映在占星术之上。与占星有关的事件，只是偶尔在武丁时期的验辞出现（如卜辞［26］），而在命辞中根本不是贞人关心的课题。

三、商代的日

　　如前文所言，贞人对日历的基本测量方法，是以日为准，其次为

---

　　⑧　见庞朴 1978；常正光 1981；Pankenier 1981－1982：7、21，1995：142，注 38；冯时 1990：28－40；Cook 1995：17－18。

　　⑨　例如，陈梦家（1956：572）和班大为（Pankenier 1995：171，注释 101）就认为，命辞"☐ 祷又于帝五臣又大雨"又译成"如我们祷告及向帝的五位仆人（即五圆行星）献祭，将会有大雨"（《合集》30391［《类纂》227.2］=《粹编》13［《类纂》109.3］）；亦见《屯南》930 及《类纂》227.2 的相关卜辞。

　　⑩　这条验辞是"炫耀性卜辞"（Keightley 1978：46，注释 90）的经典例子。这次不祥的天文事件，确证了商王早前在癸巳日（第 60 日）所预测的一场灾害（咎），确实发生了。有关这条卜辞的讨论（亦见《后编》2.9.1），见 Needham 1959：424；Keightley 1978b。

　　⑪　有关商代天文学和占星术的广泛研究，可参 Pankenier 1981－1982，1995；常正光 1982；冯时 1990：28－31；徐振韬、蒋窈窕 1990：19－22；饶宗颐 1995，1995a（见第六章注释 29）。有两点需要指出：(1) 很多学者认为一些验辞中均有"鸟星"的记载（例如《合集》11497 正［《类纂》671.1］=《乙编》6664 ［《丙编》207.3［《综类》392.1］；《综览》，no. 0521），事实上，甲骨文的"星"字，应读为"晴"，指万里晴空，见李学勤 1981；Keightley 1997b：47－48。(2) 曲理查（Cook 1995：22－30）认为《合集》28195（《类纂》628.1）=《通纂》733（《综类》222.4）和《合集》28196（《类纂》628.1）是有关天蝎座和其他相关星座的占卜。然而，李学勤和彭裕商（1996：145－146）却认为《合集》28195 为"入马"的卜辞，"辰"也只是人名。

夜。对人类或神灵而言，日与夜均是一切行动或动作的基本单位，[42]
例如：

[27AB] 今日其雨／今日不其雨

[28] 今日亡来嬉

[29] 今日王往于敦[43]

[30] 乙丑卜：今乙丑一(?)宰祖辛[44]曹五牛[45]

冗长的卜辞[30]，指明占卜日的乙丑日，除了在前辞出现外，在命
辞又重复一次，这种现象并非异常；对贞人而言，在指定的干支日
进行占卜是非常重要的，在卜辞重申占卜的干支日，是避免发生混
乱，使占卜能准确无误地在"今日"进行。[46]

---

[42] 可比较 Tedlock 1992：2 所言："在玛雅语中，'一日'是最佳用以描绘'时间'的
词，但更为重要的是，每一天均有其独立的面貌、身份、角色，并影响不同的事情……一
个人的幸与不幸，被称为'他一天的面貌'。"

[43] 敦，为商代一个重要场所，用途包括养牛、耕种、狩猎或练习祭礼；有关卜辞的
讨论，见郑杰祥 1994a：81-83；连劭名 1995：40。郑杰祥把敦地定于今河南西北，离小
屯西南偏南约 50 千米的浚县（郑杰祥 1994a：84、118、145）。

[44] 祖辛为第 13 任商王（见图 1）。

[45] 甲骨文曹释为"抵押"，见 Serruys 1981：362，注释 8（"祭祀时用于献祭"）；
Keightley 1991：432-434。于省吾（1979）就指出曹一字与删和刊都近音和近义，有"杀
伐"之意（可比较伊藤道治［Itō 1996：1：17］"曹杀伐被祭者"的观点）；高岛谦一
（Takashima 1984-1985：252，注释 21）提出相近的论调，指出曹就是刺，指"刺破"。这
些解释并非单一。即使曹解作"杀伐"，已被抵押的被祭者也应该有一祭礼活动。《合
集》11016 或《合集》886（《类纂》143.2）=《乙编》889（《综类》54.2）"御于父乙 🀱 三牛曹三
十伐三十宰"提供了很好的例子，这卜辞可释为："为父乙（即小乙，第 20 任商王，武丁之
父）进行除祸之祭，（我们）砍三头牛，抵押三十被杀头的祭者和三十头羊。"白川静（1955：
14）认为，无例子可说明曹用于指单一受祭者献祭，因为曹作为动词有其特殊用法，李孝定
（1965：1606）亦认为曹的对象多为特定祖先，故其献祭内容是相当具体（在笔者看来，这
具有一些兼容）。而《说文》定义为"曹告也"，也似是近于"典当信物"的意思。

[46] 因此，《合集》7942 卜辞（部分见于［103AB］）也记录占卜的日期。该占卜
日——丁巳，先后出现在两个前辞，并重复"今丁巳"于接着的两个命辞中。正如卜辞
[1]的占卜日与卜辞[30]的均是在乙丑日。亦可见《屯南》659、985、2627（均见于《类纂》
728.2）。在卜辞[30]中，贞人重复乙丑日是因为命辞中涉及在乙日对祖辛的祭拜，而非
在指定的辛日。

晚间时段也有相似的占卜：

[31] 今夕燎㊼

[32] 亩今夕告于南室

[33] 今夕其雨

[34] 今夕亡祸

基于很多原因，关于人类晚间活动的命辞数目，远远低于有关白昼的命辞数目。在晚间真正发生的事情，并非人们为神灵的力量做了什么，反而是某些神灵可能向人们做些什么。因此，在甲骨文五期断代中，最常见的祭祷术语如"今夕亡祸"（卜辞[34]），意指今晚将无灾祸。这些占卜，都是以日或夜为基础（例如《合集》24260、26434）。人们对晚间的恐惧，早源于新石器时代，非但没有减弱，并且持续地到甲骨文第 5 期之时（亦可见本章注释 26）。㊽

毫无疑问，日子对于占卜有着重要的实际功用。由十天干（见本章注释 4 如甲、乙、丙、丁等）和十二地支（如子、丑、寅、卯等）组成的日子（由十天干和十二地支组成的六十个日，可参表 1），经常重复在死板的六十日循环周期之中，这些日子亦是最能把商代历法框架确定下来。在不同季节，日与夜都充满多变（见本章注释

　　㊼ 译者按：作者在卜辞中把"夕"分别译成"evening"（[31]和[32]）和"night"（[33]、[34]）。作者认为"evening"是用于人类行为和活动；"night"则是非人类的现象。

　　㊽ 《综类》161.4－162.1 记录了在 1019 片甲骨中，出现"今夕亡祸"的命辞，其中 45 条命辞在甲骨一期；但最多的 496 片则在甲骨五期。甲骨一期占现存甲骨超过 55%，而五期只占 7%－10%（Keightley 1990：45，注释 16），似乎第五期的贞人对此主题比第一期的贞人，付出更大的精力（当然，这些差距是基于现时可见的考古学资料。新的甲骨出土，或许会改变这种状况）。其他甲骨一期的主题，如降雨、疾病、做梦、祖先降祸、求子等，都不见于甲骨五期（Keightley 1978：177－182、1988：381），不过在夜间"无灾害"的主题则渐见于甲骨五期。伊藤道治（Itō 1996：1：41）指出商人对夜间发生灾害的恐惧是源于畏惧一些控制晚间的先祖力量。

15)；阴历月期间(见页 38)，日子在阳历年亦是易变的；用以计算祭礼周期的年岁数字，一直不曾记录直至最后两任商王时期(页 44)。每一天或每十日为一周的旬(页 35)，是唯一的历法单位让贞人去计算指定时间的未来，或为祭祀做打算，计算未来的时间，可有三日，或二十日的距离，[49]例如：

> [35] 丁亥卜殼贞：翌庚寅［凷］于大庚[50]
> [36] 乙卯卜殼贞：来乙亥酌下乙十伐凷五刘十宰・二旬凷一日乙亥不酌雨・五月

商人偏爱以日来计算(如[36]、[90A]；见第四章注释 4)，显得每日均有其自身的价值。而商人一般亦不会把他们计算时间的首日排除在外。[51]

以日为单位的历法亦为商人提供一个长期预测作赌其运气之用。命辞[105A]"己丑卜殼贞：来乙巳王入于商"，说明了在乙巳日(第 42 日)，商王会进入商。而此命辞是在乙巳日十七日之前，即己丑日(第 26 日)时占卜的。某些祭礼更是在二十或三十多日前占卜(如[114A－C])。占辞[23]所言"其隹丁娩嘉・其庚引吉其隹壬戌不吉"就是卜问如妇好在壬戌日(第 59 日)分娩，将不会吉利，这就已涉及了对未来三十九日的预测。[52]下文将提及的卜辞[51]亦是一例子说明军事行动可被视为对未来五十四日的预测。另外，商人占卜其盟国或属国来商进贡的预测与实际来商的

---

[49]　这类"中距离"的卜辞，可见 Keightley 1978：36，注释 30。

[50]　郑杰祥(1994a：236)疑殼的故地在今洛阳的西北。

[51]　留给我们大量甲骨 1 期卜辞的宾组贞人，会把首日计算在内，师组某些卜辞也见此例；不过，某些师组贞人与师宾组和师历组就不计算在内(如卜辞[52])，详参黄天树 1991：313－331。不同的文化习惯，反映在不同的贞卜组别上。

[52]　在甲申日(第 21 日)占卜的对贞卜辞："(妇)好娩嘉/妇好娩不其嘉。"其回应就是验辞[23]。此卜辞可译成："妇好分娩会顺利/妇好分娩将不会顺利。"此对贞卜辞可见于《合集》14002 正(《类纂》783.2)＝《乙编》7731＝《丙编》247.1(《综类》309.2)。

日期，出现五十八日的间隔，这个间隔在卜辞的占辞中清楚可见。(53) 另一极端的例子是，验辞记录了一场大病的开始，却是在命辞占卜后一百七十多天（见下文[41]）。(54) 在多数占卜中，占辞和验辞均受更大限制，这类卜辞常常限于未来（以十日为单位）的一周中（Keightley 1978：35－36，42，44－45）。无论如何，正如上文例子所示，以干支为名并顺序排列的日子，规范了商代的历法。

某些日子总是较为吉利的。在1期卜辞的占辞和验辞中，有"吉"和"嘉"字的都是吉利的日子，而庚、乙、辛、丁、甲日比起戊、壬、丙、己、癸日亦较为吉利。(55) 例如在占辞[23]中就提到，妇好的分娩如果在丁日和庚日均会顺利，但若在壬戌日则不吉利。这种对特定日子幸与不幸的关心，可以解释为何贞人们总是不厌其烦地在前辞和命辞中把日子清楚地写上；(56)好运定与好的时辰连结，这亦是商人最基本的关心。(57) 而祭礼历法日子的速率并没有改变，因为这皆可被预测和量度，但日子的本身是吉还是凶，却是易变的，并且需要不断的占卜。

---

(53) 《合集》3979 正反（《类纂》915.1）＝《乙编》6668/6669（《综类》340.1）；见 Keightley 1978：42，注释 72。

(54) 不少学者认为《合集》20843（《类纂》428.2）＝《乙编》15（《综类》467.2）为一预测 547 天后发生事件的占辞（见宋镇豪 1985a：38；罗琨 1997），但此说亦争论不休（见温少峰、袁庭栋 1983：19－21）。

(55) Keightley 1988a；吉德炜 1989。参考伊西尔人的情况："某些日子是好日，某些是不好日，但仍有些是中性的。"（Colby and Colby 1981：223，225）克利福德·格尔茨（Geertz 1973：391，393）提到巴里人（Balinese）的历法可以阐明商人的情况，"巴里人的历法……把时间分割成不同单位，目的不在计算时间而是为了描绘时间，以用于不同的社会或宗教用途"；巴里人"不会告诉你现在的时间，只会告诉你现在是怎样的时间"。

(56) 这类前辞的例子，可见[21A]、[35]、[36]、[37]、[38]、[39AB]、[42]、[43]、[44]、[52]、[54AB]、[55]、[105ABC]、[106ABC]等。在转用时笔者已省略其他例子（见《凡例》第2页）。

(57) 如何才是合时，亦是商人关心的话题，可见 Keightley 1984：18。贞人施灼的灼兆与日子的连结，可见页 21－22。在武丁时期，施十条灼兆在每条命辞或"成套"对贞卜辞上都是一种象征性和礼仪性的做法，也就证明一星期有十天。

在祭祀上，日子是别具意义的。在 1 期卜辞及较后期卜辞，不论男女的祖先都被十个家族支系赋予名称，在他（她）们的祭祀日里接受祭祀，而这些日子的名称也成了他们的庙号（见本章注释 27）。[58] 对有庙号的祖先进行祭祀，很多时候是该日最先做的事：

[37] 丙午卜行贞：翌丁未祭于中丁亡害

[38] 庚寅卜囗贞：翌辛卯夒于祖辛亡害

在[37]、[38]中，丁日是中丁的祭日；辛日则是祖辛的祭日，而两个例子显示的占卜都是在祭日前一日进行。在 2b 期祖甲卜辞及 5 期卜辞（帝乙及帝辛）的命辞中，向祖先献祭的日子与祖先庙号均是一致：

[39A] 甲寅卜尹贞：王宾大甲肜亡尤

[39B] 庚申卜尹贞：王宾大庚[肜]亡尤[59]

命辞[39A]中显示在甲日向甲日的"主人"大甲进行占卜；同样，命辞[39B]就是在庚日向庚日的"主人"大庚占卜。往后亦越多例子证明祭礼日与占卜日均在同一天进行，而非前一天或前多天。商人的宗教时间有所转变，他们已把祭礼和时间处理得更准确和常规化。

没有证据证明祖先的庙号是由生日或亡日所决定（K. C. Chang 1980：169）。事实上，商王庙号（图 1）的选择与商人认为吉或不吉的日子相配合，用作庙号的名称都是吉利的日子（如丁、乙、

---

[58]　有关商代祖先与太阳的关系，可参 Allan 1991：19-56。甲骨 1 期卜辞中，对祖先的祭祀并非在祭祀日举行，可见卜辞[30]，又例如《合集》1732（《类纂》1407.1）=《津薪》709（《综类》261.4）；《合集》1184（《类纂》1286.1）=《粹编》107（《综类》492.3）；《合集》1185（《类纂》1286.1）=《铁云》249.1（《综类》492.3）。有关先妣的祭祀，可见 Keightley 1999：31-46。

[59]　Keightley 1978，图版 18。亦见卜辞[43]。表 2 呈现一个以 12 周为期，向祖先进行祭礼的序列。这揭示了[39AB]的祭礼占卜是在第四周进行。

庚），而如丙、戊、己、壬、癸则是不祥的日子。商王的庙号同样为商人提供一个可行的祭礼历法，给予足够的时间让祖先们接受祭祀，亦能在祭祀日之间有足够的休息和充足的准备。[60] 无论如何，我们可以看到，名称上的日子，无论是在出生日（如卜辞[23]和[40]）还是死后确定，都给予一个现世和宗教上的意义。而日名和祖先崇拜的紧密关系在那些特定日子（正如对沃登[Woden]神的祭祀都是在星期三，就是提醒我们在星期三有他的存在和力量）给予宗教性和祖先性的寓意。商人的祭典，有效地把一个太阳变成十个，也把太阳的时间变成祖先的时间。

---

[60]　吉德炜 1989。对于庙号所反映的社会和祭礼仪式，其中两组以"干"为名的庙号呈现"王室血统内部的两个派别"。见 K. C. Chang 1980：176－183。

第四章　时间：历法结构

一、六十天循环历

商人所建立的六十天循环历，是由两个独立系列一茎一枝地组合而成，直至六十个组合完整地循环走一遍。[1] 要使历法有效，就要好好培养历法，包括记住循环日子和实践历法。[2] 毫无疑问，贞人们对日子（见第三章注释55）的掌握十分擅长，[3]他们计算日子就如以下例子：

[40] 三旬又一日甲寅娩不嘉佳女

---

① 这些组合可见表1。为了保持严谨有序的历法，十干（页35）有很强的支配性，商人永不使用一些不能组合的干支，例如甲丑、乙寅、丙卯等等（表1留白的地方）。有关干支起源已有很多猜测，争讼不休，可见 Norman 1984；赤冢忠 1989；陈久金和张敬国 1989：17；Whittaker 1990；Pulleyblank 1991、1996：9 - 11。

② 公元前543年二月癸未日，在晋国举行的一次宴会中，参加者尝试计算出一位老人的出生日，老人自言已在世445个甲子，而最近的甲子到今日为三分之一周甲，即445.3个甲子（《左传·襄公三十年》，杨伯峻 1981：1170 - 1171）；丁山（1961：269 - 270）使用东周的例子说明当时有一系统以十天时段为单位，而非月或年。而在汉简中亦有不少对干支纪日的错乱，见李振宏 1989，注释1、23、32。

③ 就笔者所知，只有几条"错误"的干支日。一在《合集》35901 的前辞，错刻成"甲卯卜贞"，已有一些学者指出这点（如胡厚宣 1939：408[57]，载《卜辞》275）。这是一个错误的干支组合，卯是不能与甲连成一组。《屯南》866.4 有"癸午贞"，亦是错误组合，可能是午与巳的错乱，或是癸与甲的错乱。这些错误，大概来自刻写甲骨时，刻手对历法结构不熟悉所致。

参照卜辞中的"三旬"，占卜日与出现结果（分娩）的那天都是在甲日。④　在现代美国也有类似的用法；人们说"自星期四起算三星期"，而不说"由现在算起 22 日"。

在不同的占卜卜辞中都展示这十天的使用，正如以下所示：

[41] [甲]申卜贞：🐍⑤克[兴]屮疾旬屮二日[乙]未🐍允克[兴屮疾]百日屮七旬屮[五]日[戊]寅🐍亦屮疾[乙未]夕𝆏丙申[🐍]死⑥

卜辞再一次说明，"旬又二日"就是在第 12 日；"百日又七旬又[五]日"也就是一百七十[五]日。贞人们利用旬的数目和日子，厘清干支间的距离。这亦代表"直线"地以数字计算日子并不足够，贞人们要令时间和日子的距离在宗教上有意义，就必然要以干支表达时间。

在甲骨文中，以 60 天顺序排列的干支组合，是商代贞人与历法之间最佳的联系。⑦　历法知识及其计算，是用于记忆和书写，复

---

④　类似的验辞还有：在丁酉日（第 34 日）至甲寅日（第 51 日）下雨，我们能确定这段时间是因为有"旬又八日"的字句，亦即相距共 18 天（包括起始日），见《合集》10976 正＝《乙编》5329（《综类》368.2）。这占卜原本是在申未日（第 8 日）进行"生八月帝令多雨"，亦即这占卜是帝在第 34 日下雨前的 27 天所作的。从此卜辞可见，商人似乎不是预期帝会作实时的回应。

⑤　🐍，字形为两条蛇上有一只眼，笔者译成"蛇眼"。大量当代的研究指出这字解作"蜀"，见《综览》，no. 1569。

⑥　有关"克兴"，可见 Nivison 1977：9；高岛谦一（1980：60 - 61）把此读成"滑汛"。笔者的转译和翻译是初步的尝试，对特定日子的重构也未确定（笔者认为，对日子计算的不一致性，也能起重构的作用，见严一萍 1955：28）。无论如何，验辞是在命辞占卜后超过一年半才记录下来。从书写笔法来说，包括命辞在内的整句卜辞，有可能于同一时刻写，也可能是在 175 日或之后才写上。

⑦　如《合集》11730 - 11742 或《甲编》2599；《缀新》373 - 376、415、433、475、679、682；《后编》2.1.5；US 1，40。郭沫若（《粹编》1468，注解见页 196b；1972a：4 - 5）认为商人会以干支进行写作练习。在某些情况下，这的确是可能的，但事实上很多例子都说明干支表被精细地刻在甲骨上，对不需要刻写卜辞在甲骨上的贞人来说，确实无必要去训练自己刻写文字（刻上文字的刻手，只是受贞人的指令而刻上文字，亦无必要对日子的顺序作书写的训练），这些甲骨应该只是供参考而已。有关贞人和刻手，见 Keightley 1978：48 - 49；Shaughnessy 1982 - 1983。

杂的60天循环，对于农民而言，显得相当没趣。能全面使用干支循环的就只有具备这方面知识的专家，⑧他们都掌握宗教上的专门知识。

二、以旬为一周

宗教人员和贞人们所使用的是正规和祭礼上的历法，主要是十日为单位的"旬"，一旬就是一"周"。这与普通大众所使用的历法并不一样。⑨干循环由甲至癸日十日（表1），由甲日开始到癸日结束的一周，刚好就是一旬。⑩社会各阶层就是在永无休止的十天旬顺序中，一个接一个地使用，并以干顺序来把日子命名。毫无疑问，"主干"的干，比起"枝节"的支显得更为基础。⑪

命辞中常见的一句"旬亡祸"（在接着的十天，将不会有灾祸）（《类纂》444.2－447.2;《综类》165.1－168.2），对理解旬至关重要。在商代最后150余年的历史里，商人都会在干日的最后一天，也就是十天循环的最后一天，为接着到来的十天进行占卜。这种日常

---

⑧ 专业的知识还有：高地玛雅的占卜师所使用的日子循环比商代的更为复杂（Tedlock 1992：107－126）。

⑨ 张政烺在1980年6月9日于柏克莱（Berkeley）的一场演说中指出，甲子不会被中国的平民所使用，而只为官方所使用。夏鼐亦指出农民掌握的是按时序记录月日，词组"三旬又一日"（卜辞[40]），显示了农民使用的简单系统，而干支日，甲寅，就只有官方会使用。

⑩ 笔者愚见认为，商代一周之始乃在癸日。参丁山1994：1－2。干支循环表的刻写始于甲子日（见本章注释7）完全表明了60日循环也始于甲日。然而，商人对待他们一旬之始的时间和我们非正规的做法可能一样，情况和每周是始于星期天还是星期一极具弹性一样。十天一旬作为时间单位的重要性，可见Itō 1996：1：95－98。

⑪ Shinjō 1926：635－636;董作宾 1951a：6－7。董氏指出《白虎通》解释干支为"干枝"，枝为从属于干。汉代的证据只能作旁证，董氏亦指出，商人用干而非支作为商王的庙号，把干支缩写成干，而非缩写成支（一个特别的例外为"今辛未"，这完整的命辞会缩写成"今未"，见《丙编》165.3－4[=《合集》7772正]）;另一个由干支日子缩写成支的例子，可见《合集》30658，讨论见上文第三章注释17）。

占卜，意味着商人把即将来临的新一个干循环视为重要的开始，这亦是一个重要的精神保证。⑫　这类日常的"旬亡祸"卜辞，贯穿了五个分期时段，更说明了十天循环及太阳所有的神圣和传统就是基础。这类命辞是判断下周吉凶与否，最常见于一些对天气的记录(图4)⑬：

[42] 癸亥卜贞：旬(亡祸)・乙丑夕雨・丁卯夕雨戊小采日雨
风己明启

再一次证明(见第一章)，太阳、风和雨完全笼罩在商人的意识中，运气的好坏也全由天气来决定。

引人注目的是，相比商人对待夜晚的态度(正如卜辞[34]"今夜将无灾祸")，贞人们从不使用"今日亡祸"(今天将无灾祸)的命辞。笔者推断，或许因为日间有祖先和太阳的有效保护，使商人能免于灾祸，商人能在日间向祖先祭祀时使用"无灾祸"的卜辞用语，就如：

[43] 乙亥卜尹贞：王宾大乙祭亡祸⑭

---

⑫　有关这类日常的占卜，可见《合集》11546(=《甲编》2106＋2122[=《甲屯》80;《综类》165.1])，即使该卜辞为碎片，却记录了23次"在接下10天将无灾祸"的语句，这是横跨自第一年第十个月亮的癸酉日(第10日)到翌年第五个月亮的癸亥日(第60日)，总日数或多于150日。有关此的详细讨论，可见陈梦家1956：219；岛邦男1958：509,1966：1-2；张培瑜1986：4，还有董作宾的意见引用在屈万里对《甲编》2106的评述中。另一较短但相近的顺序，见[53D-H]及本章注释32的讨论。

⑬　末次信行(1991：188)利用《合集》21016和《合集》21021的卜辞(缀合见《缀合》78)，去重建第十二个月亮的癸未日(第20日)到接着第三个月亮的癸亥日(第60日)的天气记录。在这110天的时段内，末次找出8条卜辞指出在11天中曾降雨。但是，他只记录11个旬中的6个，我们估算在此时段的实际降雨日数应多近一半，接近20日。根据1951-1980年安阳天气记录(第一章注释3)，相应为1月1日至4月30日的时段内，只有约10.9天的降雨量。从这些计算中猜测，晚商时期的降雨量比现在大得多。

⑭　有特定日子和以"无害"、"无祸"收结的语句卜辞，可见[37]、[38]和[39AB]。

在此例中，乙亥日在宗教意义上是属于大乙的，而商代祭祀亦容许把"无灾祸"的语句，用于对他（她）的祭礼上。"将无灾祸"就是"向大乙供奉甲日祭祀的今天，将无灾祸"。商代的祭司们可能会认为十天循环就规定了特别的语句"在接下来 10 天，将无灾祸"，而这十天循环就如夜晚，是并无特定的祖先。不管什么原因，"旬亡祸"和"今夕亡祸"这两个主要的句式，都反映了商人长期并持久对此的关注，至少在青铜时代，甚至新石器时代已经开始。时间亦在"旬"的使用下变得层出不穷。十日为单位并不代表时间基础，三旬，30 天，也不是和阴历完全契合，因为确实只有 29.53 日，商人愿意在自然循环周期中增加自己的模式并赋予太阳或日的时间超过月亮或月的时间。⑮

　　最后，旬的重要性，可在以下的例子中体现出来，商人对未来日子会用上"翌干支"（下一干支）、"今干支"（现时干支）、"来干支"（即将来到的干支）。"翌"字常见于述说未来十天内的日子和特定占卜日之后的一天。⑯ 贞人以"今干支"指最近十天内的日子，而"来干支"则是来日的干支。⑰ 其他的例子证明，贞人在某些场合亦使用"今来干支"（现在-来日干支），这是指在下一周中的某干支日，而该日是非常接近第二周的开始，正如以下卜辞：

---

⑮　周代的阴历四时期系统乃类似一星期七日（Shaughnessy 1991：136 - 144），但这不是在周代早期出现（Pankenier 1992：39）。

⑯　Handel 1997：4。有关"翌"的运用，例子见[21AB]、[37]、[38]、[102]（于己巳日[第 6 日]占卜）；而"翌"日在下一旬时的用法，例子则见[35]、[116]。特别强调的是，"翌"亦可用于较久远的干支日子，如[114AB]的例子，翌为未来四个旬之前的日子。

⑰　姚孝遂 1985：122 - 123。见[36]和[105ABC]。这区别并非常被察觉。韩哲夫（Handel 1997：7）指出："来——语句指对现在算起十天之内的用法并非异常……而指同一个十天循环的却是罕见。唯一的出现在前辞的例子为该句最早的几天。这情况等同今天英语的使用，如果我在星期天说'下星期四'，究竟是指'五天后的星期四'还是'十二天后的星期四'？"他亦指出（Handel 1997：5）"来干支"的句式从不在甲骨 5 期卜辞出现（这个情况并不惊讶，因为第五期卜辞趋于公式化，并不会作太长远的预测）。

[44] 辛未卜毂：今来甲戌酚王亥⑱

在这些例子中（见《合集》15255；《类纂》728.1），"今来"指下一句开始的某天，卜辞[44]中的甲戌日就是下一句的第一天。简单而言，贞人对未来作特定的传达，而区别现在的旬或将来的旬。⑲

三、阴历月份

很多学者会认为冬至后的首个月亮就是商代阴阳合历（lunisolar calendar）"第一个月亮"（一月）。⑳ 一些卜辞如《合集》26617（=《合编》293；《综类》166.2）所揭示的"正月"，㉑就是紧接"第十二个月亮"，而"正月"亦是商代"第一个月亮"的另一称呼。根据历法，在后世的用语上，"建丑"为丑月的第一个月份，亦是包括冬至以内，子月之后的第一个月。㉒ 很明显，在每个阴历中，当需要"正"的月亮数时，月亮就要出现。一些学者推断商代的岁首为晚春时节（常正光 1981：119 - 120，他亦有对建丑历提出争论；此外

---

⑱ 对商族先公王亥的介绍，可参陈梦家 1956：338 - 340；Ping - ti Ho 1975：244；K. C. Chang 1978：33 - 36，1980：143 - 144，166 - 167，209；Itō 1996：1：8 - 9，46 - 48；下文见第七章注 44。正如张光直所言，商人常在辛日向王亥致祭（如卜辞[44]、[143]），这使张氏认为王亥应有"高祖辛"这一庙号（K. C. Chang 1978：36）。

⑲ 很多甲骨命辞都提到未来（例如"翌"的使用，可见本章注释 16）。有时，"昔"（以前）的使用是指事情已经发生（见《类纂》432.2 - 33.1，《综类》161.3）。班大为（Pankenier 1981 - 1982：19）基于昔字字形，指该字为"太阳"在"水"之下，由此提出此为"太阳从地下有水的空间穿过的过程"，跟《楚辞·九歌·东君》中的"杳冥冥兮以东行"一句不谋而合。

⑳ 张培瑜（1986）简说了技术的问题。周代始年的不完整，可参 Shaughnessy 1991：145。

㉑ 如《合集》35425（《类纂》430.1）、《文录》187（《综类》498.4）和《合编》293（最后两例见温少峰和袁庭栋 1983：88）。马克（Kalinowski 1986：206）将正月翻译是 "mois norme"（正常月？）。

㉒ 有关这方面早期的术语，见 Shaughnessy 1991：145；Harper 1999：834、848。

亦可见张慧生 1984），或在秋收之时（张培瑜 1986：13），又或者在
10 月下旬至 11 月初（冯时 1990）。笔者猜想，"岁首"、"一年之
始"可以涉及多于一种的年岁。商代贞人或把阴阳合历中的第一
个月亮置于冬至后的首个阴历，农民就要把农业上的日历联系到
星座与星宿的观察之上（见页 26）。这本来是礼仪制度，而非农业
系统为占卜卜辞带来大量与月亮有关的数字。㉓

　　商人透过观察月亮来开始他们每一个历月（冯时 1990a），但
贞人们并非一以贯之地在命辞上记录月亮月份。㉔ 这并不意味着
阴历在现世及占卜上毫无用处。事实上，当商人面对某些不能控
制的情况时（例如天气），阴历就会在命辞中出现，好像以下的
例子：

　　［45AB］帝及四月令雨/帝弗其及今四月令雨

　　［46］今十一月其雨

占卜"多雨"的命辞都会特别地指明月份。㉕ 这样看来，贞人把阴
历视作"雨的单位"或"天气的单位"，㉖正如［45AB］及以下例子：

　　［47］兹月至生月又大雨

　　［48］生十月雨其隹霝

正如前文所言，贞人特别关注的是雨和雷，这些都是帝在岁首和第

　　㉓　在后世文献就有清晰的区分。班大为（Pankenier 1995：160，注释 79）以《逸周
书·周月》和《尚书·洪范》的篇章得出结论"官方宣传在宇宙政治观的民用日历和原始
性日历之间，出现长期的区别，但不论如何变化，民间都不愿去跟随与己无关的变动"。

　　㉔　在前辞中有记录月份的，如卜辞［36］。

　　㉕　见《合集》10976 正的命辞，可见本章注释 4。其他例子亦可见于《类纂》1271.1 - 2；
《综类》483.3 - 4。

　　㉖　1987 年出土的楚帛文献，其占卜内容中对阴历的使用，可见 Li Ling 1990：82。
占卜命辞的格式为"本年某月和某月至来年的相同月份"和"整个月份"（亦可见
Shaughnessy 1996, tr.：6）。

十个月亮时会降下的现象，就好像[7AB]和[49]：

[49] 生一月帝弘(?)令雷

至于有关分娩的占卜，而时间又不确定时，贞人就会把月亮作为一个较长的单位置于卜辞之内：

[50A] 今五月娩

[50B] 于六月娩㉗

当某些活动是在较远久的未来时，商人会在命辞中指明月份，如以下第5期卜辞的例子：

[51]（前辞）：乙卯王卜在𪊽师贞；（命辞：）余其𪊽蘆叀十月戊申𢦏；（占辞：）王固曰：吉；（验辞：）在八月㉘

此例的前辞已说明这次是商王亲自占卜，在验辞中亦指明该占卜是在第八个月亮，而命辞提及的攻击行动则在第十个月亮，即整整54天之后。占卜的命辞在商王返回王畿时同样会提到月份（见卜辞[106A－C]）。

命辞有提到阴历月份，但验辞却会记录日子而不记月，正如：

[52] 辛酉卜：今二月雨·七日戊辰雨㉙

再一次强调，干支日子比起月份更为重要。

㉗　高岛谦一(Takashima 1990：37－38)提出甲骨卜辞"于"是有对未来确切的含意。

㉘　从语义学上，笔者在此甲骨卜辞中转译的"师"字，请见《综览》1633。而甲骨文字"𢦏"，笔者根据张政烺(1981)的意见译为"搏"。不过，《综览》1508把𢦏及𢦏看成同一字，意指伤害。而甲骨文字"𪊽"，笔者则据夏含夷的看法译为"猛撞"(Shaughnessy 1996：65)，此字常用作攻击的动词，见《综览》0689。译者按：本卜辞注明卜辞各个部分，见《前言》注6。

㉙　黄天树(1991：329－330)引用此师宾间类卜辞来说明卜辞的计日法。

值得一提的是，在第 5 期有关军事行动的卜辞中，商王和贞人们都会有意地记录月份（如[51]），他们常在路途上灼骨，并在回程时把甲骨妥善地储存在小屯的祭祀场所上。的确，他们这种对待日子的态度能使现代学者有效地重建商代对外战争（如攻击人方[30]）时的程序。这片属于甲骨五期的肩胛骨碎片连在一起就明了贞人的习惯（图 5）：[31]

[53D]　[癸巳王卜贞：]旬亡[祸·在]十月·[王正]人方

[53E]　癸卯王卜贞：旬亡祸·在十月又一·王正人方·在商

[53F]　癸丑王卜贞：旬亡祸·在十月又一·王正人方·在亳

[53G]　癸亥王卜贞：旬亡祸·在十月又一·正王人方，在 🦌

[53H]　[癸]酉王卜在□贞：旬亡祸·[在]十月又二·[王]
　　　　正人方[32]

商人有系统地记录阴历月份，就能有效地防止在甲骨收藏时会出现占卜记录紊乱的情况。[33] 三千年后在小屯出土的甲骨，印证了商王及其官员即使不在王畿，占卜都如常地进行，并会把甲骨送回王畿。商王日常的占卜非常重要，这能证明商王作为一个王朝首

　　　[30]　例子见《类纂》4.2 - 5.1，《综类》3.4 - 4.2。有关人方的军事行动及其出兵的时序，可参董作宾 1945：II：48a - 63b；陈梦家 1956：301 - 309；Nivison 1983：501；Shaughnessy 1985 - 1987：45 - 48；张培瑜 1986：9；常玉芝 1987：277 - 278；郑杰祥1994a：352 - 386。

　　　[31]　有学者引用这片记录有关人方军事行动的命辞去说明帝辛的第十周祭周期。见 Shaughnessy 1985 - 1987：47；郑杰祥 1994a：384。

　　　[32]　有关[53D - H]（《英藏》2524）、《缀新》312 缀合两片碎片（《津薪》552 和《龟甲》1.19.12）（图 5），这个缀合显示商王在第 9 个月亮的癸亥日（第 60 日）和第 10 个月亮的癸酉日（第 10 日）时已就征人方一事占卜。遗失的碎片，应记录了在第 10 个月亮癸未日（第 20 日）所作的命辞。

　　　[33]　粗略计算，商代有关王室狩猎的占卜中，约有 2% 记录了月亮数字（《综类》289.3 - 297.1），大多数是在商王启程远征前在王畿进行的；对比在第 5 期卜辞中，有39% 记录了月亮数的甲骨，商人多是占卜对人方的军事行动（《综类》3.4 - 4.2）。

席精神领袖亦不会因为不在王畿而忽视占卜工作。占卜的内容，包括时地人和结果亦想必见证于商王的下人和祖先面前。

四、五个祭礼周期

商人在向先祖先妣致祭时，亦有一套时间系统。至迟在祖甲（第 23 任商王）（2b 期）统治时期开始，[34]一直到帝乙（第 28 任商王）和帝辛（第 29 任商王）时期（第 5 期），五个定期祭礼的时间表，连同个别王室父系祖先的献祭，构成了商代祖先崇拜的核心。[35]表 2 显示了商人向其祖先致祭时的五个祭礼时间表。虽然学者们对祭礼内容众说纷纭，但祭礼的周期是依据王室先祖（和先妣）的顺序而进行的。在贡典祭之后，[36]周期在翌祭（或翌日）正式开始，紧接为祭祭、酾祭（或壹）、叠祭（或叠日）同步进行，最后肜祭（肜日）则独立地举行（见[54AB]-[57]）。[37]当对某位祖先的祭礼在肜祭完成后，对另一祖先的祭礼则重新在翌祭开始。

㉞ 五个祭礼周期在宾组卜辞（第 1 期）已经出现，但显然并非一恒常性的占卜习惯，有关证据可见李学勤 1991，亦参 Itō 1996：95。

㉟ 五个祭礼周期在第三和第四期卜辞的具体情况尚不清楚，很可能已不使用，或不再作占卜之用，又可能相关的卜辞仍未破土而出。见 Itō 1996：142。第四期 b 组和第五期的情况，见常玉芝 1987：227-305。李学勤和彭裕商（1996：179）指出，五个祭礼周期的记录大量出现在出组（第二期）和黄组（第五期）卜辞。王晖（1998）就指出晚商时期，商王帝辛已经终止对其祖先的祭拜。其中的证据是，在对人方军事行动的占卜中，从未有五个祭礼周期的日期（见卜辞[53D-H]），因此，不能把第五期 a 组（帝乙）和第五期 b 组（帝辛）卜辞分割，特别是贞人们没有把商王的祭礼周期数写入前辞，那就不能确定帝辛是否确实终止对其祖先的祭拜。

㊱ 见《类纂》1118.2 及《综览》0580。

㊲ 整个周期的情况，可参 Itō 1996：92-95。相关卜辞列于《类纂》706.1-2、1288.2-1290.2、265.1-266.2。翌日祭的讨论可见常玉芝 1987：20-21。笔者同意许进雄（1968）及常玉芝对五个祭礼周期的排序。在一些祭礼中，附加上的"日"字，是特别指明该祭礼在日间进行，而不是在晚间（如要指明在晚间，则加"夕"字[见第三章，注47]）。

商亡之前,完整的五个祭礼周期至少需时360天去完成。向"甲"帝献祭的翌祭周期在第2个旬的首个甲日最先展开(始于上甲[第一任先公]),祭祭周期则在第13个旬的首个甲日开始(同样向上甲献祭),而酃祭周期在第14个旬的首个甲日开始(同样向上甲献祭);劦祭周期在第15个旬的首个甲日开始(同样向上甲献祭),而肜祭周期在第26个旬的首个甲日开展(同样向上甲献祭)。就这样,随后的祖先就依据此周祭程序而受祭,下一位"甲"帝太甲(第3任商王)在第4个旬接受翌祭,而在第15个旬接受祭祭,如此类推。[38] 在这第五祭礼周期中,接着相继受献的商王(及其配偶)为乙、丁、庚,他们均在同一周受祭,例如,向"乙"帝献祭的翌祭周期在第二个旬的首个乙日开始,如此类推。

以三个相连的祭礼去体现一个横跨十三个旬的程序是相当复杂(在此只能把以甲为名的祖先作例子),为上甲(第一任先公)而作的翌祭始于第2个旬;同样为上甲的酃祭始于第3个旬;以及为上甲的劦祭始于第4个旬(表3)。在此每三个周期的例子中,按余下的商王列表,其后的商王会晚于先前祭礼一个旬的时间才接受祭礼:第2旬向上甲进行祭祭,第3旬向上甲进行酃祭,第4旬向上甲进行劦祭,祭礼按此重复地进行,那在第9旬时,另一位"甲"祖先就会在同一甲日受祭:阳甲(第17任商王)在祭祭中受祭;羌甲(第14任商王)在酃祭受祭,戋甲(第11任商王)在劦祭中受祭(见[54AB]的讨论)。[39]

五个祭礼均有其自身的周期循环,有序和同步地进行(如

---

[38] 常玉芝1987:191-193。她在页230提供了一个有用的图表以重构"第三祭礼周期"。

[39] 常玉芝(1987:168-169)指出三个祭礼交叉重叠举行,以使整个祭礼周期保持在一年内。如果祭祭、酃祭、劦祭有序地进行,整个祭礼周期应为33个旬,加上翌祭和肜祭,就大大超过一年的时间了。

[39AB]、[54AB]-[57]）。对象为先妣的祭礼周期，会晚于她们的丈夫（先王）一个旬的时间，先王比他们的配偶早一旬受祭，而只有在嫡系的先王配偶才可享五祭礼。配偶们跟先王一样，按她们的庙号，在不同干日受祭，但旁系先王的配偶就无法在此周期中受此尊崇的祭礼。[40] 要有效维持如此复杂的祭祀及礼祭程序，商王廷中每位占卜人员都要付出无限心血。[41] 祭礼时间高度制度化，并且可用于把非祭礼活动日子化（见下文）。

五、祀数循环

缺乏年份的计算和对月份记录毫不关心，反映武丁卜辞对祭礼时间仍未有确切的构想，当然，这可能因甲骨卜辞中未有准确的记录所致。祖甲（甲骨第 2b 期）时期，对于下一旬吉凶与否的占卜（如《合集》26486；《类纂》1197.2），都会在第五祭礼周期内指明月份和设定好占卜的日期。第 5 期卜辞中的献祭活动，已是恒常化地进行，使商人简易地确定及统一祭礼时间中的每一旬，如图 6：

　　[54A] 癸巳王卜贞：旬亡祸·王固曰：吉·在十月又二甲午
　　　　　彡日上甲祭大甲
　　[54B] 癸卯王卜贞：旬亡祸·王固曰：吉·在十月又二甲辰
　　　　　酓大甲祭小甲

正如前文所示，祭祀的日子非常频密。在上例中，两位"甲"的祖先

---

　　⑩　常玉芝 1987：108-109；葛英会 1990；Keightley 1999：38-40（页 58-61 显示了商王及其配偶的王室系谱图）。

　　⑪　这不难解释为何记录的人员会偶然犯下一些错误。常玉芝（1987：177-178）就以《合集》35745（常氏引用《综述》[即陈梦家 1956]21.8）为例，该卜辞的刻手错误地把"第十二个月亮"写成"第十个月亮"。

在同一个甲日受祭：上甲和大甲在甲祭周期第 4 旬的甲午日（［54A］），大甲和小甲在第 5 旬的甲辰日（［54B］）（常玉芝 1987：41、168）。

在最后两位商王的统治时期，贞人们在恒常的占卜中偶尔地在前辞记录祭礼和商王的祭礼周期，在每旬最后一日的癸日，为下一旬作有关"旬亡祸"（"无灾害"）的占卜（亦可见卜辞［57］）

[55] 癸巳王卜贞：旬亡祸·王固曰吉·在六月甲午肜羞甲佳王三祀

不论在甲骨文或是在青铜器铭文中，与旬相关的祭礼历法都阐明了祭礼时间及其宗教仪式常在永无休止的干支循环中被大书特书。[42] 殷商的宗教人员并非看着时钟说时间，在没有时钟的世界里，他们本身就是历法、日子和太阳的代言人，向人们诉说时间，现实的考虑都因深刻的宗教设想而神圣化。[43]

在商人的祭礼周期中，对个别祖先的祭祀是要恒常地向人们提醒祖先们虽死犹生。祭礼就是要求商人腾出时间和花时间的，不折不扣地按日程所示向祖先们致祭。祭礼同样给予将要成为祖先的生人，期望着他们在同一形式被"纪念"。至少在现代层面上而言，虽死犹生的观念应被提倡，因为人们的时间会因此变得轻松，[44]精英们参与祭礼是为了证明逝者及其后人有永续的状态，故

---

　　[42]　有关祭礼周期的更多甲骨卜辞前辞，见《类纂》688.2－689.1，《综类》244.1－3。松丸道雄(1970：65－68)引用一个有七句甲骨卜辞的组合，说明铜器的制造日期是依据祭礼周期。小臣艅尊的前辞"佳王来征人方·佳王十祀又五肜日"(赤冢忠 1977：671－675；Bagley 1987：528－530，图 103.11)，就是把军事和祭礼事件的日子一并结合。

　　[43]　常玉芝(1987：307)也有相近的结论。

　　[44]　在这方面，商代的一句(见上文)会比现时我们 7 日一星期在使用上显得较宽松。对我们而言，星期日在每 7 日就再重现；对商人而言，甲日在每 10 日重现，商代每个星期就显得有更充裕时间。

此，商人不会认为时间有停止的一天。[45] 例如先公时期的上甲，在他身后 22 或 23 代的帝乙、帝辛时期的甲骨前辞中，仍然备受尊崇地祭祀着，并且在祭祀时间中指定了阴历月份，如：

[56] 癸巳王卜贞：旬亡祸·王固曰吉·在八月甲午翌上甲

[57] 癸丑卜泳贞：王旬亡祸·在六月甲寅酌翌上甲·王二十祀

祭礼周期世世代代循环不息，为祖先提供位置进入周祭，正如我们提到（页 43），在商亡之前，周祭在整个太阳年中已再无新的空间，给予该年的日历使用（Keightley 1978：116，注 107；常玉芝 1987：218‑222）。事实上，一些第 5 期卜辞记载了在商亡之时祭礼周期数的日子，但却无其他特别的祭礼。一些"拆开"的日子从月份中得到其特殊地位，并附加到这类日子中，如：

[58] 癸丑卜贞：今岁受禾·引吉·在八月隹王八祀

一些命辞指明了周祭数和干支日名：

[59] 其隹今九祀丁未(?)𠦪[46]

贞人们明显地简化及拨出周祭的日子给予其他事件，正如卜辞[59]，把这些事件置于周祭循环中的线性框架内。

从占卜卜辞可见，商人无意有系统地记录月份，直至第 5 期卜

---

[45]　James 1957：139；泰希（Mikulas Teich）1979 年 8 月 7 日手教。惯性地以干为名的祖先庙号，同样说明了商代对时间的观念。前文已言（第三章，注 11），大、小可说明时间的顺序，置于早期祖先的有如大乙、大丁、大甲、大庚，就比之后的如小甲、小乙、小辛（见图 1）的为"大"。越古远，就显得越尊贵。

[46]　常玉芝 1987：105‑113、223‑224。常氏亦引用《合集》37863（《类纂》688.2＝《缀新》317）和《粹编》462 作为"拆开"的周祭日子的例子。卜辞[59]中"丁未"的解读仍未得到确切肯定，有学者（见《综类》244.3 及《通纂》594 中的讨论）认为此两个字实为一单字，正，指"攻击"。

辞,周祭数字被记录下来,并提供更多证据证明日子系统乃基于固定不变的干支循环,不过,这并非有意识或兴趣去为占卜或祭礼提供一个独特的日子。即使没有提供月份,干支日子的组合,也能成为一独特的日子。[47] 在商亡之时,命辞中的前辞出现更多有指定日子的句式,商人记录时间亦显得越来越线性。在殷商经历最后的两任商王统治的时期,他们对待时间的态度也经历划时代的转变。值得一提的是,即使周祭中指明商王的名字,但商代无"第 N 任商王周祭"(如[57]、[58])的记载,就连跟随商代模式的西周青铜铭文也无相关记载(Shaughnessy 1991：108)。[48] 这是为何众多学者致力尝试区别帝乙和帝辛卜辞的原因。[49] 商代贞人们在甲骨5 期记载的日子并非历史上真正的日子,点明日子的原因只是说明该事件"在第 N 次祭礼周期"(如卜辞[59]),而非强调时间具延展性。

---

[47] 同一日的日子,会每 31 年在同一月份中出现(董作宾 1950：157 - 159、1951：214)。

[48] 事实上,如东周编年史《春秋》都未为日子加上时任周王的名字,而以"王正月"的句式表达。

[49] 见 Keightley 1978：180,注 24;常玉芝 1987：303;王晖 1998：16 - 20。

第五章　空间：中心与周边

　　很多殷商的居民对他们日常生活环境以外的地方都是毫无认识可言。他们不会远行，而只留在自己的田野和树林内，很多农民会认为他们就住在一个既细小，又熟悉的世界的中央，这个世界，充斥着间歇性和不可预知的外来侵略者、抢劫、敌人的攻击、贪婪的鸟兽，更重要是的，风、雨、旱灾、水灾的到来，既突然又难以预料，这些都为他们的住处留下不可磨灭的痕迹。

　　相比频繁的商王及其随从的出行、进贡活动、觐见宫廷、联姻仪式等等，都由商王、朝廷大员及其盟友举行，这意味着商王对其广大的地理知识要相对熟悉。在甲骨卜辞出现超过五百处地名（宋镇豪 1991：101）揭示了商人对他们居住在广阔无垠的大地是极具认识的。不过，基本的农民观念则是，地区居民对周边地方会常感焦虑，他们尝试去理解和控制一些善意或敌意的神灵入侵，这些在贞人的宇宙观上都能辨别出来。

一、首都或祭祀中心

　　晚商的国家情态，是朝廷早期化的特征，都是聚焦在商王及其支持者身上，他们的政治组织情况和地区社会上的组织是密不可分：

> 这不可能是殷商全境，除了它的中心能界定出边界领土……政体似乎是由人的力量（"谁"在控制）和亲属血缘组织（他在中央有"什么"关系）构建而成……国家并非由领土而成，而是按照个别商人与中央的关系来建立。①

一些权力阶层支配着整个华北地区的社会、宗教和政治。② 他们的统治者，将商代划成不同和易变的亲属联系，宗教信仰或自身利益都能决定他们在自己群体中的领导地位，又或是商王在其领土的政治承担，这是他能直接控制的。人类学者提出的"分立国家"（Segmentary state）在晚商能被充分体现出来。其中的功能（依Southall 1956：248 定义）如下所示：

> 领土的主权是被认可，但却是有所限制和相对的，一系列区域的形成，是从主权绝对中心的地区向周边伸延，逐渐形成一个礼仪的统治权。
>
> 虽然这是中央集权的政府，但是众多的行政焦点亦在周边地区出现，使中央地区只能行使有效的控制……
>
> 在有限范围内，中央能成功垄断对权力的使用，但是在周边地区上，正当合法的权力比受限制的秩序更固定。③

---

① Keightley 1979－1980：26。有关商代领土的边界和概念，见 Keightley 1983：527。可比照 Anderson 1991：19："王权组织围绕着最高的中心……边界渗透性强但却模糊不清，而王权会在不知不觉间让到另一人手上。"

② 还未有足够的证据去充分说明商代"政治-法制集成体"是否在"主要地域"中存在。不过，血亲组织或可指出"证明以领土建立各种关系"，并给予"已规定了一种主导的话语"。晚商的血亲系统"为一种控制外部群体的方法"，但似乎还没有一种"政治地位上的分级组织所取代"（笔者引用的这些句子乃采自 Lewis 1965：96，99）。

③ Southall 1956：248。浦百瑞（Blakeley 1970：60－61）对于东周时期政治为一"分立国家"作了一个很好的说明。对笔者而言，这亦适用于晚商时期。

在晚商,地区的统治者因不定期的事情而经常受挑战、报答或吓倒,商王通过宣称土地是由王朝所有,以使他进行狩猎、战斗、观察、调整及为其盟友或家属进行宗教上的祭礼,尝试以协商使其成为合法的至上权威。④

　　这种关系不能在政治地理上作精确的确定。在甲骨卜辞上所刻写的王室族谱和地方名都表明,不同的世袭团体皆可组成同盟,亦有些会与河南北部和西北部及山西东南黄河沁河流域的诸侯国结盟。⑤ 晚商构想出他们的首都,就是领土中的主要聚居地,而不是宗教祭祀的中心,直至晚商时期,聚居之处都在今天小屯而非现在的河南东部的商丘区域,⑥虽然目前对此仍未完全清楚(郑杰祥

---

　　④　Keightley 1979 - 1980、1983。有关王室宗族、王子、非王室宗族、地方官员、地方首长、地方统治者等角色的相互关系,详细的讨论可见 Keightley 1999b：269 - 299。裘锡圭(1983)就商代不同官员的角色提供一个细致的分析,他们被商王或其代表所确立、管理,随时间和所在地方的距离,地方官员将变成一个独立的封地诸侯(相关讨论亦可见 Qiu Xigui 1986)。

　　⑤　Keightley 1983：532 - 548；Shaughnessy 1989：1 - 13；夏含夷 1987：20 - 32；朱凤瀚 1990a：3 - 84；郑杰祥 1994a：5 - 8。在晚商有限的版图及当时的文化亦可印证贝格利的意见(Bagley 1999：208)："青铜器的生产比过往传播的范围更广……在此地中,找不到任何制造统一风格青铜器的大型区域,这儿没有安阳的风格,相反,这是一个本地工业生产炫耀的时代。"

　　⑥　1996 年,哈佛大学中国考古研究所的研究计划(由张光直及张长寿领导)发现,在河南东部的商丘仍有一个夯土城,相信是东周时期宋国的城邑,其中一些人认为是甲骨文中的大邑商(Murowchick 1997：26 - 28。有关大邑商地点的初步讨论,可见Keightley 1983：533 - 534；孙明 1994;亦可见本章注 7)。随后的发掘可为商代中心的地点提供更多线索。丘商(《类纂》778.1 - 2；《综类》279.3)及兹商(《类纂》777.1；《综类》469.3 - 4；[67AB])之名,均在卜辞中显而易见,亦曾在同一片骨版出现(《合集》776 正[67AB]),证明丘商和兹商应是同一地方。陈梦家(1956：262)认为中商([113],见第 6章注 1 及下文页 74)、大邑商(页 51)、天邑商(本章注 7)、丘商、商均指同一地。郑杰祥(1994a：20 - 21)指甲骨文中的丘商和后来的商丘是现时濮阳县以南,安阳东南 70 里之处。《合集》9530(《类纂》537.2)=《戬寿》25.12(《综类》279.3)的命辞"妇姘呼黍丘商受□",证明丘商必然和小屯的距离是非常接近。在笔者看来,兹商(此词只出现在十数片甲骨内,包括《类纂》1225.1 的四个例子,《综类》469.3 - 4 的六个例子)乃"兹(大)邑商"(此"大"商,见第 5 期卜辞,《合集》36511[《类纂》1225.1]=《甲编》2416[《类纂》469.4])的缩写或早期的称法,并用于指位于小屯的中心另一名称(可比较[67A] "隹兹商出作祸"及[61A] "兹邑其出降祸"及[151AB]的"洹其作兹邑祸/洹弗作兹邑[祸]")。

1994a：20）。在目前已知的证据中可见，笔者相信在小屯甲骨上的大邑商（《类纂》778.1；《综类》279.2），亦等同在甲骨上的兹邑（见下文）。小屯一地，既有墓葬亦有民居，象征着此地弥漫着浓厚的政治和宗教活力，使商王能统辖他们相对一致的新兴国家结构。用现代的话说，就是结合宗教祭祀场所和国家首都于一地，但小屯仍未成为政治中心或中国后世官僚式的政治首都。⑦

　　小屯就是甲骨占卜卜辞中所指的"兹邑"（《类纂》116.2‐117.2；《综类》43.1‐2）。⑧ 明显地，武丁关心的是精神和物质上的福祉，而在此聚居，就要受到天气、害虫（正如卜辞［13］）或敌人的猛攻：

　　［60］贞：方☒其征兹邑

　　［61AB］兹邑其屮降祸/兹邑亡降祸

　　［62AB］帝伤(?)兹邑/帝弗伤(?)兹邑⑨

　　［63AB］帝佳其终兹邑/帝弗终兹邑·二月

正如商人在方攻击兹邑时占卜（［60］）一样，商人在单一事情上都会进行占卜，以确定是否"帝"在命令这类的攻击行动，如方在攻击"我"：

　　［64］☒方戋征佳帝令作我祸·三月

在以下的两条刻于肩胛骨上的命辞可见，帝是被怀疑参与在这些攻击行动中：

---

　　⑦　郑杰祥（1994a：5‐18）反对秦文生（1985）之见而赞同杨宝成（1990）之论，认为小屯确实为晚商首都。他以第 5 期卜辞（《类纂》119.1）出现的天邑商为据，以证明其主张。这是不能确定的，"天"用于政治上应出现在周代文献（见《综览》no.0003），在商代的甲骨文，"天"实等同"大"。郑文（页 12）认为大邑商在小屯，并以大量周汉两代的文献认为，位于小屯西南 60 千米的朝歌是商代的陪都，而这里亦是周于牧野战胜商朝后，帝辛面对失败命运之地。

　　⑧　和小屯接壤、由北到东的洹河对"兹邑"存在威胁（正如［151AB］和《合集》7853b［类纂 117.1］），这可视为"兹邑"乃于小屯地区的原因（郑杰祥 1994a：50）。

　　⑨　译者按：本书英文版中，作者把卜辞"伤"译成"Afflict"（折磨）。可参考 Surruys 1981：353；《综览》no.0681。

　　[65A] 方戈征登人

　　[65B] 不佳帝令作我祸

帝从几个形式上否定商王的定居地。以下两个卜辞（[66AB]和[67AB]）都不能给我们带来准确意思，但能显示出殷商在缺雨旱灾时与帝有紧密联系：

　　[66A] 壬寅卜宾贞：若兹不雨帝佳兹邑宠不若・二月⑩

　　[66B] 王固曰：帝佳兹邑宠不若

干旱确实是商地最恐惧的精神力量，正如以下的对贞卜辞，全部都是在与卜辞[66A]相同的干支日占卜：

　　[67AB] 壬寅卜殻贞：不雨佳兹商出作祸／不雨不佳兹商出作祸⑪

雨在洹河（本章注8）降下，也是另一种力量：

　　[68] 其又于洹又雨

帝准许商人在其地区进行的活动，明显地比不上礼仪性的活动，虽然，只有少数的命辞把商地与占卜连结一起，如：

　　[69CD] 癸丑卜争贞：我宅兹邑大宾帝若・三月／癸丑卜争贞：帝弗若

---

　　⑩　很多学者把甲骨文"宠"等同"龙"（《综览》，no. 1382）。如果此说成立，命辞[66A]就应理解成"若再持续不下雨，就是因为这聚居地区的龙，即帝不予赞同"，而"龙"或许就理解为"土龙"，专作为求雨仪式之用。就此而言，裘锡圭（Qiu Xigui 1983 - 1985：303 - 304）以《合集》29990（《类纂》678.2）"其作龙于凡田又雨"为例，确实有可能证明此说。金祖同对此甲骨残片的注解中，就认为龙为地名，故[66AB]中的"兹邑龙"就是指"此聚居地，是龙"。然而，除了商之外，未有其他聚居地能享有"此聚居地"的荣誉。笔者并不相信"龙"具有此意思，而商代甲骨文字有可能具有多于一个的读法和意义，不过，目前没有更多文献证明。

　　⑪　对于[67A]的卜辞，高岛谦一（Takashima 1973：240）解释为"不下雨；商人有可能面对不幸"，或"不下雨意味商人会有不幸。"

同一片甲骨上还有两条命辞,进行第二次占卜的日子与卜辞[69CD]均是同一日:

　　[69A] 壬子卜争贞:我其作邑帝弗佐若·三月
　　[69B] 癸丑卜争贞:勿作邑帝若

综合以上的命辞,如在卜辞[69AB]可见,商人会为兴建新的聚落而考虑其可行性,而在[69CD]中,就指出得到了帝的准许。⑫ 很明显,对商王武丁而言,他最关心的议题就是兴建新地区的可能性,这可从商人持续的占用地区,以及卜辞中揭示出帝易变的喜好(如卜辞[62AB]及[63AB])可见一斑。⑬

二、土:四方之地

　　殷商的精英们利用一系列宗教和政治上重叠和强化的概念去建立围绕着其礼祭中心周边的世界,并赋予其意义。事实上,每人都会关心自己原来的土地,并祈望土地得到守护神的庇佑,商人把地域分成四处,名之曰“四土”或“土”,这亦成为四方的方位指标。事实上,“四土”一词极其罕见,只在两条卜辞之内出现过:

　　[70] 奏四土于ㄨ[宗]⑭

---

　　⑫　在卜辞[69A]中,“其”字的使用似乎暗示贞人不愿意兴建新都(“其”字可见第一章,注13)。与其联系的卜辞则在[69B]中,明言不兴建新都。
　　⑬　《类纂》117.2-118.1罗列46条有关“兴建新都”的第1期卜辞的命辞。当中不少都是寻求帝的批准。
　　⑭　“宗”,实指“宗庙”,在两条平行的甲骨卜辞中可见,《合集》33272(《类纂》463.1)=《南北》“明”423(《综类》172.3)。普遍认为,ㄨ乃祖先或自然神(见《综览》4418条)。连劭名指出,ㄨ经常以连词的形式与其他自然力量出现,并主张该字应读成“丛”,是东周到汉文献中的植物之神(连劭名1992:62-69)。蔡哲茂主张ㄨ应读成“稷”,为谷物之神。见Lefeuvre 1997:47。

对"四土"的普遍接受，可以从一系列肩胛骨上的卜辞中体现出来，这些卜辞以以下命辞为首：

> [71A] [今]岁商受[年]·王固曰：吉

紧接其后的四条子命辞，均是有关东、南、西、北的"土"的受成情况：

> [71B] 东土受年
> [71C] 南土受年·吉
> [71D] 西土受年·吉
> [71E] 北土受年·吉

在这里可以说明，商人并非站在"中商"⑮或"大邑商"，而是不同的区域，这些区域为对农作耕种最有利的四土，亦是四面最重要的方向（见本章注40），⑯如以下命辞：

> [72] 我北田不其受年

这命辞可作为北方土地收成的参考，又如：

> [73] 南田受禾

这命辞可作为南方土地收成的参考，而对西方土地的开拓，则如：

> [74] 王令多尹衰田于西受禾

---

⑮ 中商的收成情况可以独立成一条命辞的主题，见卜辞[113]。

⑯ 尽管庞朴（Pang Pu 1985；97－98）及胡厚宣（1986）作过分析，笔者不认为卜辞[71A]中的"商"是一个割离的区域，这并非由四个方位的"土"再加上去成五个区域的"商"（见第六章注12）。在一般的占卜过程中，常见的命辞如"商"（即指整个地区）将会接收（收成），随后是一系列在其管辖范围内处理的细节的子命辞。这类格式的例子，见[125A－E]，《合集》14395正（《类纂》463.2）＝《乙编》4733（《综类》172.4），以及《合集》12870（《类纂》452.1）＝《戡存》37（《类纂》413.3）＝《后编》1.32.6。

这是在西方土地的例子，当然，亦有其他的例子。⑰ 偶尔，商人会攻击一些居于四土地区内的居民：

[75] 贞：令🐦伐东土告于祖乙于丁·八月⑱

根据郑杰祥(1994：158)对商代政治地理的重新建构，商王把东土归于"濮阳狩猎区"(见第七章，注35)，故此，商王会对东土多加注意。

商代的贞人们会关注于把商代王畿的政治及行政结构体现出来，他们亦会把有特别收成的"土"从不同"土"中区分出来。拥有权力的守护神(土)亦会坐落于这些特别地区上(见下文)。下面例子的对贞卜辞中可以补充这点(见图7)：

[76AB] 西土受年/西土不其受年

在同一胸甲骨上亦有其他子卜辞：

[76CD] 箙受年/不其受
[76EF] 姼受年/姼不其受年⑲

---

⑰ 两个在另一甲骨上的相关例子(《合集》9734＝《人文》784[《综类》195.3]，局部)，"北受年"与"东土受年"两例都证明，在"北"和"北土"、"东"和"东土"两个农作区之间是没有明显分别。前者较短的句式，就很有可能是后者较长句式的缩写。参考《殷墟》1588(南受年)与《粹编》904(南土受年)，《粹编》903(东受年)与《乙编》3287(东土受年)，《龟甲》1.29.17(西用年)与《乙编》7009＝《丙编》332([76A]引用：西土受年)(以上均见《综类》195.3)。相同的例子，见本章注39。

⑱ 连接助词"于"，意义上当为"和"或"乃至"。见 Takashima 1984–1985：284–288。此外，这命辞中的"丁"并非指第十五任商王祖丁，而应是武丁，该卜辞当属武丁的儿子祖庚的时代。见裘锡圭1981：312。郑杰祥(1994a：228–229、286–289)暂且将🐦的居住地定为今天开封之东南，并讨论他在武丁统治时期为一重要的人物。

⑲ 从其他卜辞可知(《类纂》189.2–191.1；《综类》142.3；参赤冢忠1977：496)，姼乃一位商朝官员所拥有的农田。有观点认为这是位于商的西方(张秉权注释《丙编》122，页182就引用《乙编》7236[＝《合集》900正＝《丙编》381])，也就是属于西土的范围内。相比之下，郑杰祥(1994a：236)认为姼位于今天安阳以南450千米的郾城。

[76GH] 〼受年/〼不其受年

另一命辞则有关工人在土地上的流动：

[77] ▢ 令共东土人

这或许是与召集农民有关。

以下一系列刻于胸甲骨的卜辞，说明中心的象征性角色：

[78AB] 壬子卜㱿：𣏦于丘商/勿𣏦于丘商⑳

[78CD] 癸丑卜㱿贞：遘受年・二月/遘不其受年

[78EF] 贞：詩(?)受年/詩(?)不其受年

[78GH] 贞：蜀受年/蜀不其受年㉑

由上可知，命辞中提到了三个位于商领土内的不同地方，对贞卜辞大概显示出丘商的宗教祭祀崇拜。而此前一天在中心地区则进行一场估计是斩首式的礼祭，作为此农业收获命辞的开场式，这是贞人们代表其余外围地区进行的祭祀仪式。这些礼祭乃商王的一个机制，让商王试图协助他的支持者并使商王的这些土地具有合法性，以利管治。

"土"的角色，并非限于农业。应该是社的前身"土神"，也成为后来土的祭坛，㉒是一个被供奉的对象。人们以杀死动物献予土神并祈求产生好的天气和避免受有害的东西影响（Lefeuvre 1997：47），正如：

---

⑳　"𣏦"的讨论，可参考第三章注33。

㉑　郑杰祥(1994a：168-169)初步认为蜀乃位于山东西南的汶上县。蜀地的"受年"卜辞指出，商王视此地为他的领土，或至少是他联盟方国圈内。而汶上则位于小屯东南偏南200千米左右，这说明了蜀地很有可能是在商王关心的管辖区域内。

㉒　例子见《综览》no.1569。Lefeuvre(1997：49)指出在《诗经》中的《甫田》及《云汉》两诗都说明了周人一并向"社"及"方"献祭（见下文）。

[79] 燎于土三小宰刈一牛沈十牛

[80] 宁雨于土

[81B] 丙辰卜：于土宁风

在同一块肩胛骨上，记录了七天之前（包括计算当天）向山神羞的占卜献祭：㉓

[81A] 庚戌卜：叀王自祷于羞

山神羞也曾被用来对如大乙、大甲、祖乙等商王祖先进行占卜祭礼，这表明在这些涉及土地和天气的情况下，商人并没有把如土和羞等的自然力量与祖先们分开。㉔此外，亦有学者指出，土神并不像其他神如河神（黄河，见[12B]）那样的自然力量会带来暴雨或破坏农作收成。故此，土神在商代自然观里，似是较软弱和较少恶意的力量（岛邦男1958：231；Itō 1996：1：72）。亦需要指出的是，尽管土具有不同的方向（[71B－E]和本章注17），但商人从未向特定方向的土进行献祭（Lefeuvre 1997：47）。这种和受尽献祭的方神不同，可能说明了方神是更具力量，或者更平易近人。

三、方区域与权力

"方"字，从政治上而言，最佳的译法是"边"、"边界"、"国家"或

㉓　有关羞神，见[10AB]及下文页93。

㉔　《合集》34185（《类纂》463.2）乃一向土献祭及向祖们占卜的例子，这例子不只在同一甲骨，而且在同一命辞中。相似的例子还包括方神及山神，见本章注47中有关[93C]的讨论。在岛邦男（1953）提出差异之后，伊藤道治（1990：205；亦可参考 Itō 1996：1：2、131）则提出商存在两种献祭制度：对外的是对自然界的神；对内则是向祖先忠诚献祭的五个祭礼周期。笔者对此的理解是，这种分法当在商朝末年才出现（但这很难完全确认，因为在第5期卜辞中没有向自然界进行占卜的例子），不过，在武丁时期，自然界神与祖先们很可能具有相同的权力，商廷亦尝试去建立一个统一的宗教制度记录。

"区域"，故此，商人并不视"方"为他们中央领土的土地。㉕ 商人提到非我族群或敌方时，均用"方"置于词尾，如人方（[53D－H]）、土方（[83]）以及舌方（[84]）（例子可见伊藤道治1961：273；Keightley 1979－1980：28）。㉖ 这些非商的族群，正好指明了商王从不对他们这些方国进行有关农作收成的占卜；农作收成的占卜被限制为只在商领土以及其盟友的社群内进行（陈梦家1956：639）（另见例子如[71A－E]、[72]、[76A－H]、[78C－H]）。方大概是存在于商的边界，甚至在边境内，其精确的位置无疑有很大的变量和难以确定（上文页49），因此，商王畿的领土以及主要领土内外的盟友，都可能住满潜在的敌人。㉗ 正如土地区以及土神一样，商时期同样有诸个方国和方神。

作为政治实体的各个方国，其人们经常入侵商以及商的盟友：

[82] 沚馘告曰土方征于我东鄙𠂤二邑舌方亦侵我西鄙田㉘

㉕ 正如高本汉（Karlgren 1957, no.740a－f）指出，对"方"字形的解释很难确定下来。公元100年出现的《说文》从词源学上解释"方"为"并船也象两舟省总头形"，这解释成两船并排着，两船船头结合并省略了，也就是"走到旁边"之意。"方"的原意就是"边"，引申成"方形地方"、"阵地"、"区域"（即"方"必具有"边"或中央的旁边）。用于政治上，"方"翻译成"国家"最为适合，在拉丁语中，"国家"（Country）为 contra，有"相反"、"对抗"之意（笔者很认可鲍则岳对此的意见；又见Keightley 1979－1980：28；Lefeuvre 1997：45）。来自商西北最大的敌人舌方（见[84]），也就是舌国，但它同时是商的边旁及在商边界之侧。因而，可以视为"舌边界国家"或"舌方"。

㉖ 一条让人费解的特例（《合集》27982[《类纂》90.2]＝《粹编》144＝《京津》4380[《综类》32.2]）为商方（Lefeuvre 1997：46），这增加了我们相信商人视自己为一"国家"的可能（或者这是更早时期的边界，或是夏王朝？）。然而，"方"一字作为词尾并没有出现在其他卜辞的记载上。应当指出，郭沫若注释《粹编》144时，指"方"为献祭词"祊"的假借。

㉗ 有关这些方国的研究以及他们与商的互动关系，见陈梦家1956：249－312；岛邦男1958：384－424；Bucksbaum 1978；姚孝遂、肖丁1985：91－106；Shaughnessy 1989：3－13；饶宗颐1994：15－24。

㉘ 沚，是沚馘（即沚地的馘）的故乡，大概在商的西北。土方位于馘的东部（郑杰祥1994a：284－286、319、325）。郑杰祥（1994a：285－286）认为馘方在今天陕西与山西交界的石楼附近。在石楼及邻近地区的考古发现证明了贝格立（Bagley 1999：226）的观点："这很难解释在较小的地区内，出现了种类繁多的墓葬形式……正如林沄（Lin Yun 1986：272－273）指出，在北方地区共存着很多社群，纵使他们的经济形式相当不同。他们必然是不同的群体或部落。"在相同肩胛骨上的验辞记录了商的属地被敌人攻击，见第二章注21。

商王及其盟友进行了多场反抗方国入侵的运动：㉙

[83] 今者㉚王比沚馘伐土方受㞢又㉛

[84] 登人三千呼伐舌方受㞢又

大量这类的军事命辞,除提醒了我们有多大数量的人们投入了商的进攻或防卫的军事行动之中,㉜还反映了某程度上,反复出现的"外交问题"对商廷福祉非常重要。

在政治和宇宙论上,"方"边境地区的人们亦标志了商权力的可靠性和理解的限制。"亡来嬉自方"这个占卜,意即"这不会由(某人)从方带来坏消息"。㉝ 一些本地的,并通常为敌对阵营且具"伯"(长老,或族群首领)身份的统治者,都会自"方"发动攻击。㉞商王在军事或祭礼上均会考虑远征,以调节"方"的边界和已占领的方国：

㉙　郑杰祥(1994a：158 - 160)指出"方"除了作为方向和方国名称词尾外,还是族群本身的名称,即"方","方"这个族群位于今天山东西南的鱼台县西部(参见伊藤道治[Itō 1996：1；67、76],他指出这个"殷的敌人"位于"山西省中南部")。这当然有可能,但笔者不能确定这"方"是否具特定的意义,还只是正如前文提到的,只是指一般意义上的某"方国"。某些例子说明,似乎不太可能有一个名叫"方"的国家(见本章注 33、35)。

㉚　将甲骨文 㞢(《综览》no. 3190)隶定为者,可见刘钊 1986。刘钊相信,这本身并非一个时间词,但作为后缀附加到时间词之上。

㉛　笔者最初从倪德卫(Nivison 1977)的观点中明白㞢在词组"受㞢又"及"受㞢年"中乃作为定语及具代词功能,意义为"这"或"在这事"(Keightley 1978：78,注 85)。不过,笔者现在较倾向相信㞢方指"丰收"或作为敬语使用。见 Takashima 1980a：91、94、104；Surruys 1986：232 - 237；Keightley 1991：464 - 465。

㉜　见《类纂》304.1 - 305.2,309.2 - 311.1 有关"征方"以及"方征"的卜辞。

㉝　例子如《合集》6668 正(《类纂》1205.2)＝《续编》4.33.2(《综类》458.4)以及《合集》24149(《类纂》1205.2)＝《南北》"诚明文学院所藏甲骨文字"77(《综类》458.4)。

㉞　《合集》8656 正(《类纂》1205.2)＝《缀新》124(《综类》458.3)以及在《类纂》1207.2 - 1208.1 和《综类》459.1 - 2 的卜辞。有关"伯"的身份,见 Keightley 1979 - 1980：28。

[85] 今者王值方帝受我[又]㉟

[86] 王值伐方受㞢[又]

商王征伐方国的行动前，他都会进行一些预备的祭礼，这些占卜的
卜辞正如[83]、[84]。

　　然而，作为名称的"方"，更多地使用在宇宙观和宗教上。正如作为
集体用词，指四方土地的"四方"，㊱并未被广泛地使用(在《类纂》1204.2-
1205.1 共有八例；另参《综类》458.3)，但明显地出现在命辞中，如：

　　[87] 其宁疾于四方三羌又九犬㊲

"四方"被视为对众人有影响的地方性神力，有如土神，在有需要时
进行献祭和祭礼。当没有特定指明的方向时，"方"可以指"四方"
(连劭名 1988：40)，正如：

　　[88] 其祷年于方受年

正如卜辞[90C-F]和[93AB]，"四方"亦由四个基本的方向单独地
确定下来。㊳ 最少一套卜辞表明了商的占卜师没有区分"方"和

　　㉟　词组"值方"中的"方"，从未有一个可被识别的前缀用词，故此笔者相信"方"在
此是指一般意义上的敌人族群。笔者不确定甲骨文字彳，读为值，有直的意思是否正
确。有关讨论可以见 Nivison 1978-1979；Surruys 1981：359-360。倪德卫读此字为
"德"，有道德之意；司礼义则认为此字的本字为"直"，但这字义的元素表明了在空间的
具体运动，因此，可解作"访问"。具体可参见《综览》no.0199；于省吾(1996：2256)将彳
解作循，即巡，有"巡逻"、"巡回"之意。

　　㊱　艾兰(Allan 1975：75)指出传统对"四方"的翻译为"四个方向"，乃是四个围绕
中央区域的神话性的土地；艾兰认为这可称为"四个方形区"(the four quadrates)。事
实上，在周代的文献中(如《诗经·殷武》)，"方"的意义为"方形"，这种解释很可能是源
自商的传统；又或者是商代宇宙观中对"方正"的解释延伸至"方形"上。

　　㊲　叶山(Robin Yates)与笔者的私人交流中提出，商人可"安抚"风和雨(正如上
文的卜辞[80]和[81B])，表明风和这里的疾病都是同样的现象。

　　㊳　同样可见《合集》13532，见第七章注 59。伊藤道治(Itō 1996：1：69)主张："四
方的神灵是由商附近众多方国和地区的神灵组合而成，将他们简化后，向东、南、西、北
四方进行占卜。"

"土"，而这些"土"的地方亦是卜辞常见"受禾"的地方（连劭名
1988：43）。先比较[71B－E]与下列出现在另一肩胛骨上的卜辞
用词：

[89A] 东受禾㊴

[89B] 北方受禾

[89C] 西方受禾

同一字形，当属同一字的"方"，常用于政治、农业和宇宙观之上，这
说明了商人在一些可能为潜在敌人的方国边界区域上没有明确的
区分或只是模糊划分，这亦出现在商人很重视的农产收成区内，并
对此地的神明赋予名称及进行祭祀。㊵ 最显著的例子是出现在一
片腹甲骨上的一套有关"风"的命辞，该命辞在"第一个月亮"时进
行占卜（图8）：㊶

[90A] 辛亥内贞：今一月帝令雨·四月甲寅夕[雨]㊷

[90B] 辛亥卜内贞：今一月[帝]不其令雨

㊴　有别于[89B]和[89C]，"方"字在[89A]中被省略。这说明了商的贞人对"东"
和"东方"作了很微细的区别。正如本章注17中，"北"和"北土"的例子一样。

㊵　见艾兰的讨论（Allan 1991：75－79）。她总结出"'土'就是商廷北部、南部、东
部和西部的真正土地，商廷的土地可以收获农作物粮食，'方'也是最重要的精神实
体……是掌握着风雨和收成的家（Allan 1991：84，亦可见[93AB]）"。在赵诚的观点基
础上（1988：3），雷焕章（Lefeuvre 1997：45－48）认为"方"的字形描绘的是农业生产，乃
一铲用作翻土，因此主张"方"指较小的领土，为一群独立的族群在此较小的土地上劳
作，使之肥沃并且丰收；"方"异于"土"，因为"土"只是指种植用的土地，而不是指用占领
者所在的土地上的劳工；前文提到较小领土的"方"是指四小方。

㊶　学界对这些有关风的卜辞以及周汉之际的方向研究已取得相当丰富的成果。
见胡厚宣 1944a、1956、1986；陈梦家 1956：589－593；严一萍 1957；贝冢茂树 1971；
Major 1979；李学勤 1985；丁山 1988；连劭名 1988；常正光 1990：68；Allan 1991：79－
83、123；冯时 1994；郑杰祥 1994；饶宗颐 1995：9；肖春林 1995；Itō 1996：1：64－65；
Lefeuvre 1997：46。

㊷　张秉权注《丙编》（页296）216 ＋《京津》428时，指最后的"雨"是"下雨"之意；
连劭名则主张此为"允雨"，即"真的下了雨"（连劭名 1988：40）。

[90C] 辛亥卜内贞：禘于北方日伏风日役(?)祷[年]⑭

[90D] 辛亥卜内贞：禘于南方日长风𩖶⑭祷年·一月

[90E] 贞：禘于东方日析风日劦祷年

[90F] 贞：禘于西方日彝风日𩖶祷年

方和风的名称同样出现在一片同期的肩胛骨碎片上，不过，这卜辞例子明显地并非占卜命辞的记录，因为这甲骨上没有钻孔，没有烧灼痕迹，也没有裂纹（陈梦家 1956：590；郑杰祥 1994：6），这卜辞还缺乏了一般正常的占卜程序：

[91A] 东方日析风日劦

[91B] 南方日𩖶风日长

[91C] [西]方日𩖶风日彝

[91D] [北方日]伏风日役(?)

南方和其风的名称以及西方和其风的名称分别在腹胛骨（[90D和F]）和肩胛骨（[91B和C]）上颠倒了位置，因此不少学者有这样的结论：因为[90C-F]是占卜卜辞，而并非如[91A-D]只作一个记录，亦因为[90C-F]出现的名称在之后的文献上均有所发现，因此认为在腹胛骨（[90C-F]）上的卜辞是正确的，在肩胛骨（[91A-D]）上的卜辞是错误的（陈梦家 1956：590；郑杰祥 1994：6）。孰是孰非，或许无关紧要。这两个似乎一样的卜辞均记录了晚商时期在宗教宇宙观认识上的变化，其中一个

---

⑭　禘的祭礼，包括祈雨、平定风、驱走蝗虫，以及祈求丰盛的农作收成（岛邦男 1958：203；Itō 1996：64）。

⑭　《合集》30393（《类纂》313.1＝《前编》4.42.6[《综类》74.1]）把甲骨文字𩖶读成枣，是有道理的。"𩖶风叀豚又大雨"中，"𩖶"被完整地使用。见裘锡圭 1978：318；郑杰祥 1994：6。

（［90C－F］）成为最终的主导。㊺　在往后的文献上，风的各个名称与四季的联系均可说明早在商时期，风已被理解成四时季节变化，纵使在当时尚未有一套明确的四季名称。㊻　至于在命辞［90A－F］中，是以禘向各方及其风在"第一个月亮"进行祭礼（李学勤 1985：101；孟祥鲁 1994），这可视为商王在新的一年之初进行这类祭礼。

无论个别方神性质的精确性如何，商人去定义如［90C－F］和［91A－D］所示的方神时，就好像"土"（见［71B－E］）一样，都会用四方四个最基本的方向，间中指明他们的名称，例如：

［92］ ☑ 三羊豰四刘于东方析三牛三羊豰四

但亦会仅以作四方方位的名称出现：

［93A］甲子卜其祷雨于东方

［93B］于丁卯酚南方㊼

对于四方的关注乃至引申至四时的观念，都是晚商宗教及政治宇

㊺　方及风名称的意义已引起广泛的注意（学界成果见本章注41）。例如郑杰祥（1994：11）在过去的研究上，总结出东方的析［90E］实为一猛禽，为少昊挚的神。他对南方（［90D］）、西方（［90F］）和北方（［90C］）做了类似的识别，认为这些四季的雀鸟禽兽类似于商的图腾（有关图腾主义，见第七章，注 51）。连劭名（1988：43）进一步指出商代四方神的名称（正如［90C－F］）与卦图中四种卦名相合，这说明八卦有更古老的起源。

㊻　李学勤 1985。连劭名（1988：41）和郑杰祥（1994：6、11；此为引用杨树达［1954］的著作）指出东方的名称"析"，乃与春天有关联，指"分开、分散"。冯时（1994）则主张商的四方神实为春分、秋分和冬至、夏至神，但亦承认商时期并未发展出四季的观点。连劭名（1988：42）认为商人不只在春秋二季进行占卜，夏冬时期亦会劳作。他从语言学上的猜测需要在每个例子中细加考虑，因为例如他提出甲骨文字🐛，指夏天就不太可能，正如刘钊（1986：230）指出，🐛的运用受时间的限制，而只在第三到第五个和第十一到第十三个月亮中使用。见本章注 30。

㊼　在这肩胛骨上的残片有第三条卜辞（译文依姚孝遂、肖丁 1988；在《邺三》和《合集》的拓片均模糊不清），可读为：［93C］"庚□［午］卜：其祷雨于山"。这表明当超过了某些日数（由第 1 日甲子到第 7 日庚午），贞人就会把注意力从东方转到南方再转移到山神（极可能是西边），并作祈雨的占卜，这已有至少两个例子证明。

宙观深层结构的一部分，这为晚商带来深远影响的遗产。㊽

四、巫

　　巫乃一种在晚商时期具有方向性的神力，并可以在四边方向伸延其力量，这使巫成为一祭礼的行为。甲骨文字屮，为后来指"精神媒介"（spirit medium）的"巫"字的原始字形，但我们亦怀疑在商代甲骨文卜辞中是否同样具有此意义，在一些卜辞中，"巫"为一种商人进行礼拜的神灵：㊾

　　［94A］癸巳卜：其禘于屮

　　［94B］癸巳卜：御于土

　　［95］癸亥贞：今日小禘于屮豝一犬一㊿

屮字的甲骨文字字形很清晰地说明了对四方自然力量的关注。事实上，巫很多时候有指定的方向，例如：

　　［96］辛亥卜：小禘北屮

　　［97］☑　禘东屮

　　［98］戊子卜：宁风北屮犬（？）

很明显，巫力量的影响范围与方和土的影响范围有相当程度上的重叠。为了安抚风，殷商会为土（［81B］）和巫（［98］）进行祭礼；他们同样会为北方（［90C］）和东方（［90E］）进行禘祭，为北巫（［96］）进行小禘祭和为东巫（［97］）进行禘祭。这些有方向性的巫接受了

㊽　亦可考虑这一来自20世纪40年代萨满巫师的讲话："东方请的东方送，北方请的北方送。"（陕甘宁边区政府办公厅 1944：38）

㊾　陈梦家 1956：577－578；Lefeuvre 1997：46－47。较被人们接受的看法是把屮读为"筮"，即"占卜用蓍草"。见饶宗颐 1961：976；李学勤 1981a：11；Keightley 1991：379－389（修订于 1998）。

㊿　这种是在甲骨卜辞中表达数字公式的方法，见 Takashima 1985。

小禘祭显示在殷商的祭礼系统中乃处于比方更低的地位。(51)

这种影响范围上的重叠可能与地区性的方和风的名称不确定性有关联（见前文页 62），在同一片肩胛骨中（见[81AB]的讨论），向土、山神与祖先们的占卜祭礼均混在一起，而且，殷商亦缺乏一个有序的时间表使之与一些如土、方或是巫等的自然力量系统地结合。这些都说明商的占卜师对自然界显得无能为力，不过，很多不可避免的事件例如在殷商王畿内外突发的事，又或者特别是难以预测的气候变化，商人对这些环境的转变会作出特别的反应：

[99A] 癸未卜：其宁风于方又雨

[99B] 叀甲其宁风

[99C] 叀乙宁

尽管商人努力地尝试将地区性和自然界的神灵融入商的祖先等级制度之中（见下文页 94），但商的贞人们却无法以严谨和有序的方法把这些无法预料的事或非人类的神力变成向祖先祭拜的核心。

五、外出与进入

商王决定离开他的领土和进入“土”的土地和方国时，都会很容易让人感到担忧。正如以下这条卜辞：

[100] 王勿入于东

---

(51) 这个看法可以由方禘（一种向方进行的禘祭?）和㞢禘（一种向巫进行的禘祭?）献祭的研究中获得证明。在㞢禘的例子中（《类纂》421.2－422.1），牺牲的组合只限于以一只狗、一头猪和一头羊进行祭礼（唯一例外见《合集》21079，乃用两只狗献祭来进行占卜）。相对比下，方禘的牺牲数量和组合则更多更广泛，乃由多只狗、羊及猪组合成牺牲（三头猪[《合集》12855]、十只狗[《合集》14298]、九只狗[《合集》32112]）；亦有一头牛（《合集》418 正）以及羌人俘虏（《合集》418 正，32112）。

这卜辞就涉及禁止商王前往某处，这代表着商人普遍关注商王出入王畿与前往一个未知地方存在的危险，而这些地方是根据罗盘四方的方向构思而成。超过 175 条主要来自第 1 期和第 2 期的命辞，占卜了商王“出”（《类纂》295.1－297.1，《综类》67.3－68.3），正如：

[101] 今辛亥王□出若

[102] 翌庚午王出

[103AB] 王今丁巳出/勿隹今丁巳出

在以上的例子中，商王外出的时间之后就是商王考虑前往的目的地。然而，以往占卜的情景继续出现：

[103CD] 王出于敦/王勿出于敦(52)

这是第 2B 期常见占卜的卜辞。事实上，这些占卜均被降成标准的占卜用语，并在卜辞前辞中紧接占卜日的日期而出现，“王出亡祸”，意即当商王外出，这将没有灾祸（例子见《合集》23731＝《戬寿》5.8 以及其他在《类纂》296.2－297.1、《综类》68.1 中的卜辞）。(53)这种用语从不指明商王离开的地点或区域；但想必是商王王畿的中心地区。至紧重要的仍是“外出”这一动作。

殷商贞人对商王返回王畿亦相当重视：

[104AB] 王入于商亡作祸/王入于商其㞢作祸

从武丁及稍后时期，大量的命辞表明商王很关心在特定月亮和特定日子进入商王畿，例如：

(52)　有关敦的地望，见第三章，注 43。

(53)　这类关注一直维持到后来睡虎地材料中一些有关怪诞祭礼的表演之上，包括禹步，乃“想离开一座有围墙的城池时，人们要举行祭礼”，或类似“出邦门”之法（Harper 1997：241 及注 62）。

[105A] 己丑卜𣪘贞：来乙巳王入于商(54)

[105B] 庚寅卜𣪘贞：来乙巳王入于[商]

[105C] 辛卯卜𣪘贞：来辛丑王入于商

[106A] 戊寅卜𣪘贞：生七月王入于商

[106B] 辛巳卜𣪘贞：王于生七月入[于商]

[106C] 甲申卜𣪘贞：王于八月入于商

这些命辞每过几天就会重复地占卜，命辞亦提出每隔几日就要返回商王畿，有时是接着(包括计算当天)的十一天([105C])或十七天([105A])，这都说明商王对这类的决定是相当审慎。这些占卜，应当是商王出发前已经进行，并想必包含了他从各"土"、土地与众方国返回商王畿的回程计划。这对于去确定他没有引入了外界的坏事或有害的影响来侵犯中央相当重要(有关向商王及其祖先们祭拜中心地区以外的世界，当中的危险、真实与象征，见页105－106)。更现实的是，这有助于商王的随从了解他实际回程的日期。随从有时是与商王一起出门([101]、[102]、[103])，重返的日期至关重要。

值得留意的是，用作人殉的俘虏都是以同样的方式出现，这些进入商王领土的俘虏均是通过适当的占卜过程和祭礼程序：

[107A] 辛[酉]贞：王其逆[以羌](55)

[107B] 壬戌贞：王逆以羌

---

(54) 笔者在此几条卜辞的英文译文中加入了命令性的词"应当"(Should)，译文为"商王应当进入商"(the king should enter into Shang)。此为基于否定命辞如[103B和D]以及"癸巳卜𣪘贞，今来乙巳王勿入于商"(《合集》7786[《类纂》777.1]＝《续存》2.361[《综类》279.4])。这句的"勿"就指"不应当"。

(55) 甲骨文字中的羌字有多个字形，本书以羗字形出现。这字形包括绳索和绞索的元素(正如[107A－D]和[144])；这大概是代表羌的囚犯，被绳索束紧或牵引着。各条目可参考《综览》no.0514。

[107C] 于滴王逆以羌⑤⑥

[107D] 王于宗门逆羌

在这些例子中，显然焦点是商王遇见俘虏的地点，而不是时间。⑤⑦

最后，纵使商王在王畿以外的行程中遇到各种不确定的神灵，但这并没有阻止商王执行广泛的军事行动。就好像在帝辛十年对人方（见[53D-H]的讨论）的战争中，就让帝辛离开王畿约 275 天之久。在这趟行程中，他前往了攸。郑杰祥（1994a：365）承陈梦家之说，将攸的地望定为安徽的边境，位于河南省永城县以南，安阳东南约 325 千米处：

[108] 癸酉卜在攸泳贞：王旬亡祸·王来正人方

商王显然留在攸约一个月。商王亦曾在第十二个月亮期间冒险地行到远至淮河流域：⑤⑧

[109] 王步于淮亡灾

与此同时，值得我们注意的是即使商王从这场军事行动中回来并继续在商的领土中开始他的其他行程，他仍然需要通过占卜达至心安，就好像下面两条来自肩胛骨碎片的命辞：

---

⑤⑥　商河（滴水）的位置已有大量的讨论。郑杰祥（1994a：54－57、75）曾概括各意见和结论，在后世文献如《水经》及其注的篇章可知，滴水并不是漳水（漳水为安阳以北约 15 千米一条向东流的河流）或后世的沁水，滴水应当是旧清水，紧接现时卫河河道，其源出太行山至安阳西南，并向东北方向流经安阳东南约 60 千米处。有关商河地理位置更详细的研究，见 Keightley 1999b：233，注 4。

⑤⑦　例子亦可见《合集》32036（《类纂》114.1）＝《南北》"明" 730（《综类》324.4）："王于南门逆羌"，意即商王前往南门会见羌人。"南门" 乃指商王庙的正门，此观点见郑杰祥 1994a：74。有关商王庙宇、宫殿、闸门建筑的研究，见裘锡圭 1989。而 "门"，则曾出现在楚国的占卜材料之中，有 "门户之神" 之意，这 "门户" 乃 "月令" 中记载的 "五祀" 之一，见 Li Ling 1990：85。

⑤⑧　笔者乃依据郑杰祥提出的日历来重建这场军事行动的日程表（郑杰祥 1994a：384－386）。

[110A] 丙午卜在商贞：今日步于乐亡灾

[110B] 己酉卜在乐贞：今日王步于丧⑤⑨亡灾

从人方的军事行动中回来的商王，在他的王畿领土（[110A]的"商"）继续着行程，或者这是保证他的随从确定商王回来王畿以及威吓那些不希望商王回来的随从。在商王进入祭礼中心七天之后，他在王畿内的行程已经作了最后的准备，并直至第四个月亮底结束：

[111] 癸未☒ 其入☒ 邑商☒ 在祸⑥⑩

---

⑤⑨ 丧为商王其中一个重要的狩猎场，大概位于安阳东南偏南约 60 千米的滑县，濮河畔旁（郑杰祥 1994a：123 - 124、204）。

⑥⑩ 笔者乃基于语法和字形（甲骨文字"祸"的字形描绘成一片肩胛骨上的裂纹），把"祸"翻译成"灾害"，其原义类似"（在裂纹上的）预兆"，并引申为"灾害"（Keightley 1991：449 - 450）。第五期卜辞的用语"亡害在祸"和"亡害自祸"（《类纂》842.1）的意思可理解为"在（或从）兆纹上显示将没有灾害"；裘锡圭（1990：14）相关讨论均接受这点。

第六章 空间：宇宙与方位

正如我们所知，在政治层面上，殷商和其盟友的领土均被非商群族或敌人紧紧包围着；在宇宙观层面上，殷商设想成一个正方形的世界，各方位均指向中心点，四周包围着的中间核心地区（第 1 期自组卜辞）则称为中商（见页 73）。[1]

商人认为宇宙是一个方形，这是因为他们理解殷商世界有四个方界（有关"方"的讨论，见页 57），这四个方界由四个基本的方向组成（下同），这可体现在如郑州商城和盘龙城这些方形的殷商风格建筑上，而甲骨文字"邑"，写成♀，有聚落之意，此字形的上半部分描绘成一个长方形周边。[2] 相对平坦的华北冲积平原可以有助解释为何商人向各方位进行祭拜，一个颇肯定的指标是，

① 例如《合集》20650＝《前编》8.10.3；《合集》20453＝《佚存》348（均见于《类纂》778.2；《综类》280.3；亦可参见《综类》279.3）。有关核心地区的考古资料，见 Kwang-chih Chang 1980：69-73。卢连成（1993：236）指出，在小屯的王庙和宫殿周边 20-30 平方千米有大量定居的聚落，据此提出在这些定居聚落聚集的人群是有血缘纽带的关系。彭邦炯（1990：42）亦有相近结论，指这些"中"的下层劳工（见第三章，注 23）或其他群体乃为商王劳作。

② Keightley 1973：531。甲骨文字♀（《类纂》740.1；《综类》265.4），读作"郭"或"墉"，有城墙之意（《综览》，no.0684）。有关郑州商城和盘龙城遗址的简介，见 Kwang-chih Chang 1980：263-288、297-306；Bagley 1999：165-171。

在众多区域上，这片土地都缺乏突出的地形特征。故此，这种的地形会鼓励建构一个几何的概念，正如商王与他的贞人们将地形和其意义强加于此。我们已讨论过的地区如"土"和"方"，都是由基本方向所定义出来，又或者是透过物理特征耦合到基本方向上，如：

　　[112] 令师般涉于河东

河东，即黄河东边，很明显这是从殷商领土的角度去命名某地区的名称，而这似乎与古代到后世的一些词语如河内、河外，以及一个确实存在的省名——河南的命名相似。③

一、方位

　　中国对于宇宙观的方位认识，早在新石器时期就已经出现。这特别体现在墓葬习俗上，而方位的区域性传统早在六千年前也已出现。环顾新石器时期的大部分地区，在东部的墓葬中，逝者的头向都是向北至东之间；相比之下，自六千年前起，在西北部中心地区的墓葬中，逝者的头向则是向西或西北。这种对方位的强烈偏爱就连在某些遗址的二次葬中亦能体现出来，这些遗址的遗骸被模仿成一次葬放置，又或者将头骨堆在顶部，头或脸向则是朝西。④

　　晚商时期的西北岗大型王陵的坐向颇值得我们注意。墓中长长的墓道方向轴一般都是呈东北—西南向。⑤ 殷商或殷商式的上

---

　　③　有关古地名中包含"河"字的讨论，见屈万里1959：151-153。正如他指出，[112]中的河东是指战国时期赵国的河东，即山东西北与河北西南部（见《甲编》1769的注）。

　　④　例子可见 Watson1971：18-19，图10；Keightley 1998：778-779。

　　⑤　笔者在已发表的报告中知道一些图表显示出这些相近的方位。由于王陵内没有发现任何一个商王的遗骸，故此其真正的坐向方位（笔者所指头骨放置的方向）（转下页）

层阶层墓葬一般都是北—南向，这可以由大量遗址中得到证实，例如小屯北边的大司空村、湖北的盘龙城、河南的罗山与及山东的苏埠屯。这些遗址墓葬中的北—南向的做法，与其夯土墙（如有）或建筑物的地基是相似的。⑥ 在殷墟西边的所谓的平民墓葬⑦区同样以基本方向为定向，这些墓葬有明显的偏差，一般都是"向右"10度。⑧ 在其他殷商遗址中亦有发现这种同样10度的偏差。而在殷商殉人墓葬中的坐向亦同样体现出对方位的强烈关注。⑨

（接上页）不能完全确定下来。尽管在王陵墓葬内，最长的墓道总是向南，但这不足够说明殷商对墓葬方位的想法是朝南而非朝北。不只因为朝北是殷墟西边的"平民"墓葬区的常见做法，而且在相信是上层阶层的墓葬区内，五个单墓道的墓葬中有四个墓葬的骸骨（M698－M701）是朝北（第五个M93墓中，骸骨是朝南），虽然这些墓葬的墓道都是向南。相应地，似乎在王室墓葬中，一是从南方进入墓室，而其尸首则朝北，脸向生者。这个结论可以从小屯北边的两个上层贵族的墓葬——M17和M18中得到证实（中国社会科学院考古研究所安阳工作队1981：492图1、493、509图12）。

　　⑥　Cheng Te-k'un 1960：70；Kwang-chih Chang 1980：87、94、95、112、299、311；信阳地区文管会、罗山县文化馆1981。

　　⑦　正如杜朴（Thorp 1988：62）指出，这些墓葬应该是"细小精英阶层"，而不是考古报告中使用的"平民"。

　　⑧　在殷墟西边，399座墓葬的坐向大致向北（最常见坐向为10度），328座向南（最常见为190度），104座向东（最常见为95度，第二多见为100度），以及107座向西（最常见为280度）。这可以从中国社会科学院考古研究所安阳工作队1979：35、121－146中得见。各方向偏差中，却有引人注目的一致性，这可以说明殷商墓主，至少是"平民"阶层的墓葬，均有一个有关方位坐向的明确想法。班大为（David Pankenier）在1997年8月31日的一封电邮中提到，"在殷商遗址的东边有超过10度的偏差，相比早期二里头宫殿西边10度的偏差，这个对比颇为显著。我个人认为，这说明当古人在地表上将物件定下方向时所使用的技术和基准点的不同（亦就是夏商文化的不同）"。班大为亦有提到，在黄河中下游"由于古地磁上的偏差，在约公元前2500年至现在，会出现由西向东的摇摆，但随着时间转移，这个偏差会归位"（1999年1月29日的电邮，班氏引用的资料有Wei Q. Y. et al. 1981、1983；Y. Z. Cong, Q. Y. Wei 1989）。就磁场方位而言，这种易变性很难解释在小屯所观察到殷商方位的意义。

　　⑨　此段落来自Keightley 1985：16－18。更新的报告以确定这初步的意见，例如，在陕西龙岗寺的仰韶文化，有423座墓葬是朝西北（陕西省考古研究所1990：59－95、183－215）；而有关商的，则来自杨锡璋1989的引证。近期的研究亦指出，在新石器时期的墓葬中，不同地区及死者的社会身份都会使其葬式的坐向不同，见Debaine-Francfort 1995：197－203。

　　在死亡和祭拜的背景下,新石器时期和殷商居民的坐向一致性可能来自一种宇宙宗教结构。⑩ 死者的墓葬坐向很少根据所在地方的土地特征而定。它似乎来源于早期宇宙学家从天地的认识中而得出的更巨大、更抽象的想法。⑪

　　对于正中心的重要性,可以从其名称"中商"反映出来,"中商"字面意思就是"商的正中心",亦可解作"殷商的市中心"。⑫ 不过,需要指出的是,"中商"只曾在四条武丁时期的命辞中出现过(《类纂》1123.1;《综类》280.3)。这些记载,商王都是唯一的占卜者,这可反映此议题对商王室的重要性,其中一条命辞提到在"中商"呼唤一个人,或者这是与观察敌对方国活动有关;⑬另一命辞：

　　[113] 受中商年

---

　　⑩　有关新石器时期宇宙观的图像和构想,已有丰富的研究,见陈久金、张敬国1989;Li Xueqin 1992 - 1993。班大为(Pankenier 1995：139,注 30)对罗针图的研究认为,此设计为安徽含山县凌家滩的一座公元前 2500 年的墓葬中出土的玉版,罗针图的"箭头"指向四个基本方位与次方位。同样的"星图"亦在太湖地区新石器时期的陶罐上发现(张明华、王惠菊 1990：903 - 904),辛夷(1987：100)指出,在半坡出土陶盆的两侧,四角均有一个三角形图案,三角形的箭头均指向陶盆的边缘。

　　⑪　新石器时期对于东、西的观念基于日出和日落的地点。见 Pankenier 1995：121,注 2。

　　⑫　Lefeuvre 1976 - 1978：51;Keightley 1983：533;郑杰祥 1994a：19(郑杰祥认为不能完全确定中商的地望,但主张在安阳地区)。陈梦家(1956：258)与雷焕章的观点一致,都认为这个在商正中心的地方,有可能是在小屯所发现的聚居地。胡厚宣(1944a、1956：75、1986：61)在甲骨文及后世文献的基础上,指出商对五方的构想,乃中央商加上东南西北四边。不过,笔者未能从甲骨文中看出这个说法的有力证明(见第五章,注 16)。然而,庞朴(Pang Pu 1985：97 - 98)指出卜辞[71A]中的"商"应可理解为"中商",而所有指向四方的"商"都已自然地含有包括"中央"在内的五个意义,由是他把"五行早期起源"与商的"五个方位"观念挂钩。艾兰(Allan 1991：101)基于她对龟的"亚形"和西北岗殷王陵的研究,指出商已有五部分观念。

　　⑬　《合集》20453(《类纂》1123.1)=《佚存》348(《综类》280.3)："于中商呼[御?]方。"(商承祚在《佚存》做的注及岛邦男的译文均指此当为"御"字,但《类纂》编者并未采用)这残缺的命辞可以与《类纂》1206.1 - 2 和《综类》107.1 的"见方"命辞相比较,"见方",即"观察方国"。

或者"中商"的确很少这样特别指明出来，因为小屯是视为理所当然的中心地区，这个地区是商王室宗庙宫殿及祭礼的中心，从商王驾崩到祖先祭拜，或者商王的日常生活都在这地区发生。商王设想自己是站在一系列网络的正中央，这些网络包括家族、宗教精神、地理等。他的权力，就是源自他这脚下的中心区域。

　　一系列的占卜涉及商王在"立中"（《类纂》89.1；《综类》31.4）安排好的重要祭礼活动。甲骨文字 𣃈 ，呈现出上和下均有锦旗，或可以视为一个实体的标志，"立中"就有"在中心区建立标准"的意思（Lefeuvre 1976-1978），又或者是建立一个晷针（Gnomon）而量度太阳的倒影（连劭名 1996：168），又或者"立中"指"一个人站立于正中地区"，这显然是一个宇宙祭礼的仪式，又或者这是指其他未弄清的活动。[14] 无论这些活动实际包含了什么，其重要性均显而易见，事实上，一些有关占卜的活动，早在二、三十日前已经进行，正如：[15]

　　[114A] 癸卯卜争贞：翌乙亥[王立中亡风]

　　[114B] 癸卯卜争贞：翌丙子[王立中亡风]

　　[114C] 癸卯卜争贞：翌[乙亥王立]中亡风丙子[立]中允

---

　　[14] 因为在命辞中，一般都是提出对"亡风"（没有风）的愿望（正如[114A-C]），而不是对太阳的愿望，笔者就很怀疑是否有晷针的意思。正如雷焕章指出，"很可能有平定强风而进行的"一场仪式，他从卜辞中收集到关于这仪式的有用信息（Lefeuvre 1976-1978：60-62）。同样需要指出的是，在西周时期的政治背景下，亦有相近的词组代表祭礼位置，例如，在《蔡毁》铭文中，"宰曶入右蔡，立中廷"（白川静 1962-1984：23：101，no.124)，以及《伊毁》中"入右伊立中廷北向"（白川静 1962-1984：23：520，no.169)。亦可参考夏含夷对《此鼎》的翻译（Shaughnessy 1981：80），该铭文记载了一场典型的授职仪式"此入门立中廷"，可译为"此进入门后并站立在大厅的中央"。

　　[15] Lefeuvre 1976-1978 中的第 14 段引文（《合集》32227[《类纂》89.2]=《粹编》398[《综类》32.1]），提前 25 日进行占卜；而在第 3 段引文，也就是[114ABC]，则提前 34 日（此前日子也算）进行占卜。

　　　亡［风］⑯

商王将自己置于中心位置，又或者去设立晷针或一种标准，显然不是偶然的事。⑰

二、基本方向：土地

　　相对而言，有关"四方"和"四土"的相关命辞不算常见，而作为方向单位，四方之名的易变，显示商人对四方方位祈拜时没有一致性的标准，⑱这些都说明，在殷商的宇宙观下无法将四方神、"四方"的权力或"四方"的自然性质确定下来。事实上，当两个或以上的指南针方向（东、南、西、北）被记录在一些分散但又相关的命辞，又或者这些方向被结合在单一的命辞上时，近半的例子都反映"东"会首先出现，⑲如：

　　　［115］燎东西南刘黄牛

这表明东—西轴向是首要的，而东很可能就是晚商地平线上的主

---

　　⑯　另外两条"亡风"（这将不会有风）的命辞均出现在同一片肩胛骨上。我对［114A-C］命辞的重构可能会引起一些问题，但对涉及的时间间距则是毫无疑问的。

　　⑰　有关中心地区对国家形成模式中的重要性，可见 Price 1995：94-95。有关在世界各王廷中的"方位观"，乃"是在此地显得有价值甚至是具神圣品德的观念"，见 Carrasco 1989：49，其他相关的学术讨论，见 Pankenier 1995：145，注 44。

　　⑱　一种情况是顺时针（或者好像胡厚宣 1986 的理解，乃跟随太阳的方位），从东到南到西再到北（［91A-D］；《合集》36975［《类纂》534.2］=《粹编》907［《综类》195.3］）；又或者是逆时针，正如［89A-C］，由东到北再到西。但亦有记载既不是按顺时针亦不是按逆时针，而是按轴向由北到南到东再到西，正如［90C-F］。亦有其他卜辞记录了不同的顺序方法，包括东到北以及西到东再到北（《合集》28789［《类纂》66.2］=《粹编》957+980［《综类》433.4］=《合编》176［《综类》23.4］）。笔者基于这些判断认为是一般情况，但不代表是一成不变的，排序的方法和其位置都是商人在他们占卜时对卜灼裂纹的观察并把此记录下来（Keightley 1978：50-53；亦可见严一萍 1978：960-1085，严一萍提供了一系列详尽的例子）。

　　⑲　这是基于岛邦男整合四方卜辞的转录（《综类》433.1-434.2、434.4-436.1、23.2-24.1、412.4-414.3），东最先出现的有 16 次，西最先出现的有 7 次，北最先出现的有 7 次，南最先出现的有 2 次。

点(Principal point)。⑳ 如果确是这样，代表冰冷和死亡的北，㉑就是在左面，是坏的一面；而代表温暖和生命的南，就是在右面，是好的一面。这种观念的取向，一种推测是在小屯的贞人们，将他们置于在地平线上可见的太行山，那样，在贞人们后面的洹河(当不泛滥时；见[151AB])就保护着他们的左侧以抵御黑暗的北方，这是将西北岗王陵和生者居住生活地完全分隔开，而且，贞人们面向太阳升起的东方，而东方正是新石器时期商文化起源之根。㉒ 商王、贞人及一众子民在日出时出来迎接新的一天(Keightley 1978：2,注1)，就提供进一步的理由来假设他们从光明中获得好处，一大清早的仪式也就是在日出的地方下进行，而以"干"命名的祖先庙号就象征着太阳，同时亦是那一日的名(页23 - 24)。㉓

　　事实上，有理由设想殷商对东北是有崇敬之意，或至少以东北为先。㉔ 无论其原因是什么，都是跟太阳、月亮、星辰或商族发源

───────────

　　⑳　当东和西一起出现时，东有13次例子先于西出现(正如[115])，只有2次是西先于东出现。

　　㉑　参考K. C. Chang 1976：139。张光直这处引用了《礼记·礼运》："故死者北首，生者南乡。皆从其初。"

　　㉒　有关商文化起源于东方，见Kwang-chih Chang 1980：345 - 347；Keightley 1987a：112 - 117；杨锡璋1989：312 - 314。有关新石器时期东边海岸地区对太阳崇拜的研究，见林巳奈夫1989：27 - 30；江松 1994：345。

　　㉓　这一假设可以从小屯很多北—南坐向的"长"形建筑物中得到支持(见K. C. Chang 1980：94；图23)。这些建筑物中的大多数门窗都是向东方和西方打开。

　　㉔　杨锡璋(1989)利用以下证据说明：(1)"东北"和"西南"在卜辞中以压倒性数字出现(前提是这些卜辞可完整地释读，见本章注32)；(2)在小屯、郑州商城和盘龙城，宫庙基址都是位于遗址的东北部；(3)在小屯的宫庙中，首先建造的是甲组的15座建筑，全部位于东北；(4)在西北岗，最早的墓葬M1001，是占着向东北的位置；(5)殷墟的商墓葬均表明对向北和向东的偏爱，而不是向南和向西；(6)32座大型墓中，有30座的墓道是呈北方以东的坐向；在辉县琉璃阁的双墓道同样出现这情况；(7)大型墓一般向东，东北偏东，亦有向东北的战车墓葬；(8)小屯乙七基址的祭祀坑位北而面东，与基址的建筑物相呼应。张秉权根据《说文》提出在《类纂》762.1和《综类》273.2的甲骨文字应读为窑，意思为在东北角的屋子，这样，我们就有一系列涉及在东北角与祭礼有关的卜辞(见《丙编》pl. 44[《综类》273.2]=《丙编》47.1 - 2[=《合集》721反《类纂》762.1])；亦参考Takashima 1990：44 - 45)。

地的方向崇拜有关，这些都再一次让我们掌握证据说明方向性为殷商所关注。

　　这种的关注亦可体现在农业聚居单位"单"的命名上（很多近代学者冠以"公社"之义），"单"亦屡见于晚商的甲骨文和青铜铭文上。[25] 这些"单"都是在小屯附近，并且被附上基本方向，正如：

　　[116] 庚辰贞：翌癸未屎西单田受业年·十三月[26]

　　殷商文化中指明的各个方向以及其精神上的意义在甲骨卜辞中都体现出重要性，这些都可指向各人为的结构，例如（1）宗北，指庙的北边；（2）北宗，指北边的庙；（3）北示，指北边的祭坛；（4）西宗，指西边的庙；（5）西示，指西边的祭坛。[27] 还可提及的有"东室"，指东边的房子；"南室"，指南边的房子（正如[32]）；"东寝"，指东边的大厅；"西寝"，指西边的大厅，以及"南门"，指南边的闸门。[28] 很难确定这些词意的本意如何，但这类词出现的时候都是和宗教活动有关。[29]

---

　　[25]　有关单字的原始义（《类纂》1172.1－2；《综类》445.2－3），见俞伟超 1988：21－42；朱凤瀚 1990a：41；连劭名 1995：39。

　　[26]　甲骨文字（《类纂》13.1；《综类》6.1；是一个人在排便的象形？），这里隶定为屎，很多学者读为屎，见《综览》no.1011。值得一提的是，俞伟超（1988：11－17）读为屎，相当于"徒"，他又举"徒田"，指这是农地转移或轮作之意。

　　[27]　（1）《合集》22072（《类纂》67.1）＝《乙编》766（《综类》24.1）；（2）《合集》38231（《类纂》67.1）＝《前编》4.21.7（《综类》24.1，271.4）；（3）《续存》2.233（《综类》24.1），亦见于《合集》19534（《类纂》66.2）；（4）《合集》36482（《类纂》757.1）＝《前编》4.18.1（《综类》271.4）；（5）《合集》102（《类纂》479.1）＝《前编》7.32.4（《综类》435.4）。

　　[28]　有关"南门"，见第五章注 57，亦见《合集》32036（《类纂》114.1）＝《南北》"明"730（《综类》285.3），其他各项见《类纂》757.2（《综类》271.4）以及《类纂》792.1（《综类》285.3）。有关甲骨文字寝，见本章注 36。

　　[29]　饶宗颐（1995a：26）从两条甲骨卜辞中推测"南门"是《夏小正》历法中提到的星群名称（亦见 Needham 1959：425；Sun and Kistemaker 1997：72，154）。虽然饶氏引用的卜辞（《合集》34071[《类纂》1107.2]＝《佚存》468[《综类》413.1]以及《屯南》3187[《类纂》1107.2]）内容不算完备，但总能为其推测提供少量证据支持。

　　宗教性的仪式同样有特定的四方方位。我们已经注意到，在很多例子中，商人都向各方的位置神灵祭祀：

　　　[117AB] 𣪊于南/勿𣪊于南㉚
　　　[118] 禘于西㉛
　　　[119] 燎于西牛

在一片胸甲骨中，商人进行了一系列互补的占卜，这是一片有关向南方、向西北方以及向东方进行𣪊斩首祭祀(?)的正反对贞卜辞。㉜其他的祭礼活动同样有方向性的特点。例如在很多命辞中出现"北飨"，指正准备北方的盛宴；"东飨"，指正准备东方的盛宴；"南飨"，指正准备南方的盛宴；以及"西飨"，指准备西方的盛宴。㉝ 正如我们已经在[93AB]中见过，很多方向性的神灵偶尔也控制着天气：

　　　[120]……祷雨于南……

特别像商王出游这类的政治活动，都会经常有方向性词语的记录。笔者认为，这不是单纯的事实记录，而是因为方向本身具标志性的意义。㉞ 例如，贞人们特别强调方向，而不是仅仅作商王出游的行程记录，正如卜辞[100]，"商王不应进入东方"，以及：

　　㉚　𣪊是否与斩首有关，可见第三章，注33。
　　㉛　有关禘的祭礼，见第五章，注43。
　　㉜　《合集》14395 正(《类纂》1108.2)＝《乙编》4733(《综类》349.2)。《合集》721 正(《类纂》390.1)＝《丙编》图版 44＝47.27－28(《综类》413.3)记录了有关向西南方斩首祭祀(?)的对贞卜辞。有关为何一些名词如"西南"会被理解成"南—西"而不是"西以及南"(此独特地记录成"西罕南")，见杨锡璋1989：305，亦见《合集》20652，见本章注36。
　　㉝　《合集》33241(《类纂》66.2)＝《合编》106(《综类》24.1)；White 1379(《类纂》140.1)；《合集》28190(《类纂》140.1)＝《粹编》1252(《综类》51.1)。
　　㉞　周代的贞人仍然相当关注出行时的方向(北、南、东以及西)和时间(基于"干"名的日子，如甲、乙、丙等)。《墨子·贵义》篇："子墨子北之齐，遇日者。日者曰：'帝以今日杀黑龙于北方，而先生之色黑，不可以北。'"意思是：墨子往北到齐国去，遇到一个占卜的人。占卜的人说："历史上的今天，黄帝在北方杀死了黑龙，你的脸色很黑，不能向北去。"(孙诒让1986：410)。

　　[121] 王往田于东擒㉟

　　[122] 宙王自往西

这些命辞均提供了进一步的证据说明商王及其贞人们的宇宙观中，位置及方向均有象征性的标准取向。

　　后世统治者面南的传统毫无疑问地是来自这种精神心理上的习惯，其宇宙观上的意义附带着的是商王季节性经过明堂的出行。从一些很吸引的卜辞碎片中，我们知道商人已观察到这种程序，例如：

　　[123] 宙今二月宅东寝㊱

　　最后，值得一提的是，在上文可见的卜辞都证实了商王武丁对坏消息或其他不幸事件的悲观预测（正如[82]），验辞不仅简单地记录坏消息的到来；更特别指明坏消息"来自西"或"来自东"。㊲而且，四条命辞的形式如：

　　㉟　郑杰祥（1994a：171-173）相信在某些情况下，"东"并非方向的称呼，而是一个对殷商很重要的地方，并位于今天濮阳的附近。我们不能排除这可能性，例如，笔者感到震惊的是，提到东的卜辞（《类纂》1147.2-1148.2），几乎是南（《类纂》1109.2-1110.2）、西（《类纂》392.1-393.1）或北（《类纂》66.2-67.1）的三倍；这种差异确实提升"东"字双重意义的可能性，既指方位，亦作地名——除非（以上文的讨论，这并非无可能）商人给予"东方"优待，让"东方"在占卜时可以有比"南"、"西"或"北"多于三倍的频率。

　　㊱　一些学者将甲骨文字（=寝；《类纂》757.2；《综类》271.4）指为（睡觉用？）房间。赤冢忠（1977：390）解释为神圣的圣厅。一些卜辞都指商王"比"（加入）某个特定的方位，例如"王☐比西罙南比☐北罙东不受年"（如果……商王加入到西和南[他将获得收成]；如果他加入到北和东，他将不会获得收成）（《合集》20662[《类纂》390.2]=《外编》61[《综类》23.2]；该拓片很难被辨认出来，《类纂》和《综类》的解释也不一致，而笔者亦认为这些卜辞很难被分析）。不论这是指在边界上的一个实体联盟，或者指商王为祭礼而"加入"或走向中心地区，或走向祖先们的明堂（见 Soothill 1951：34-35），这命辞都进一步说明殷商对四方方位的重视。

　　㊲　见《合集》1075 正（《类纂》1147.1）=《前编》7.40.2（《综类》433.4）以及其他在《类纂》390.2-391.2 和《综类》435.2-4 的卜辞。

[124] 其虫嬉自南㊲

都表明商人偶尔担心一些在特定方位未发生的不幸事件。这种对方位的关注亦同样在商王的盟友或其支持者的身上可见，正如我们在前文所见，[82]的卜辞中所报告的是："土方攻击我们东方的领土以及破坏两座聚居地。工方亦犯劫我们西方的土地。"

三、基本方向：天气

商王对于四方方位的关注，与其面前四方天气有着密切关系。在一片肩胛骨上的命辞，记录一个很普通的主题：

[125A] 癸卯卜：今日雨

接着有四条分属命辞：

[125B] 其自西来雨
[125C] 其自东来雨
[125D] 其自北来雨
[125E] 其自南来雨

这些占卜试图找出天气是从何而来，因此它有着其意义。㊳ 类似的关注可能解释了为何商人会在一些详细的报告中指明那些天气确实来自何处，一些验辞如是记载：

㊲　见《合集》7093＝《铁云》178.1；《合集》24147＝《铁云》115.3；以及在《类纂》1108.1－2，《综类》413.3 的《屯南》2446。

㊳　例如[125B]"其自西来雨"，笔者把它译成"这里可能会有来自西边的降雨"，但可能有更理想的意思，如"这里可能（有某种力量）带来来自西边的降雨"（参考笔者对[28]"亡来嬉"的翻译[这里不会（由某人）带来坏消息]，以及第 5 章注 33 引用的卜辞）。

[126] 业各云自东……昃亦业出虹自北饮于河⑩

[127] ☑ 东云自南雨

[128] ……庚寅雨自南……

[129] ☑ 业凿虹于西☑

而且，在武丁时期一片肩胛骨碎片上非常详细地记录了一系列有关宇宙天气报告的验辞，其中一条是这样：

[130] 昃雨自东九日辛未大采各云自北雷延大风自西制云率雨毋🌱日☑ ⑪

我们再一次看到，商人不仅对于帝所下命令的天气极为关注（页5），而且亦留意这些天气是来自哪个方位，这大概使商人将风、雨、云、雷等天气现象与来自各方国的神力联合起来，以了解它们的意义。⑫ 殷商对于空间和方位意义的关注与本书第三章对时间意义

---

⑩ 人们可能会注意到气象的准确性。在下午，太阳是在小屯南方，彩虹从而出现在北方，那时在东端的彩虹确实会有可能触碰到在黄河河道附近的地方（见第7章，注29）。

⑪ 有关[130]的绘图及转录，见董作宾1945：II：9：44a-b；并参考董作宾1948：186。有关甲骨文字🌱读成"雷"，意指"打雷"，见 Takashima 1990：79-80，注20；亦见 Keightley 1991：493。而甲骨文字🌱（及其变体，《类纂》217.1；《综类》106.3），其后跟着具负面意思的勿/毋而出现，为加强其介副词（particle）之用。见 Takashima 1973：389-392，1990：44，81，注29；Surruys 1981：360；Keightley 1991：470-472。

⑫ 有关殷商对各种如云、雨、冰雹、雷、彩虹及风等各种气象现象的占卜，见陈梦家1956：240-248；温少峰、袁庭栋1983：122-165。在20世纪中叶的农民谚语中，某程度上揭示了殷商对于气象的占卜大概是来自农民的智慧并以之流传。例如，一个与彩虹、雨和云有关的谚语（来自安阳以北225千米的河北井陉）"云吃彩虹，下的没限量；虹吃了云，下的没成色"，意为："当云吃掉彩虹，会下无限量的雨；当彩虹吃掉云（正如[126]所发生的），降雨就没用了。"另一谚语则关注彩虹的方位（正如[126]）"东虹萝卜，西虹彩"，意为"东边的彩虹，（植物）萝卜；西边的彩虹，（植物）蔬菜"。笔者认为此乃暗示着人们对降雨量的渴求（此出于离安阳以西245千米的山西临汾）。另一谚语则关注彩虹出现当天的时间（再一次如[126]所见）"早虹雨滴滴，晚虹晒脸皮"，意为"早上的彩虹，雨水滴下；晚上的彩虹，太阳晒破你的脸"（或"黎明时分的彩虹，整个早上都毛毛细雨；晚上的彩虹，太阳会照亮"）（来自井陉）。以上或更多四处的例子可以在朱炳海1952：42，44中找到；亦可参 Keightley 1989：199，注8。

的仔细关注是完全一致的。就如克利福德·格尔茨（Clifford
Geertz）所述一样（见第三章注 55），殷商对时间的质量感兴趣，故
此他们对天气的质量也感兴趣。商人关心的不仅是天气怎么样，
而是天气处于哪样的方位和其所展现的影响力。

四、占卜用骨就如世界地图

　　总结对空间的各种想法，笔者考虑到商人将占卜用骨视为世
界地图的可能，这种可能性既来自日后中国有关占卜的记述及民
族志上的相似记载。[43] 例如艾兰（Sarah Allan）提出："殷商把龟视
为宇宙的模型，是天与地在东北、东南、西北和西南的四条支柱。"
正如她自己提到，这个论点只是众多例子中的一小部分，在现阶段
仅为"推测"（Allan 1991：101）。尤其是她引用"四风"腹甲骨（见
图 8；卜辞见［90A－F]）作为宇宙位置的例子：

　　　　首先，在这腹甲骨的左右两侧，分别有一正一反的命题
　　（即［90AB]），命题提到"帝会命令雨"和"帝或者不会命令
　　雨"。接着的四条卜辞就分别向四方进行禘祭。而这些只有
　　正面的命题，分别两例在右（［90C 和 E]），两例在左
　　（［90D&F]），六条的卜辞就只卜灼了四次。在这例中，首两
　　条卜辞作为上方和下方的代表并对四方卜灼四次。余下的四
　　条就只代表四方。（Allan 1991：103）

---

　　[43]　根据刘迎（1180 年卒）对《周礼·卜师》中的注解，中间的脊椎把龟腹甲分开成
左右，男与女；而五个横向的鳞甲接缝层则分成黄道十二宫，象征着五个月亮的位相和
五个行星。有关春秋时期热卜（pyromantic）的过程，见柳本实 1966：32－33。波高域
（W. Bogoras 1907：487－488）提到西伯利亚的楚科奇人（Chukchee）将骨视为世界地
图："（肩胛骨）中间的脊椎称为山，并一般被认为是内陆……其他部分则视为海洋……
来自海洋的一切都被视为好的事物……来自山的则可能会出现任何种类，善或恶。"亦
可参见 Andrée 1906：153。

不幸的是，笔者不能把艾兰提到的情况复制到绝大多数例子之中。例如，笔者所顾虑的是在腹甲骨的"方向性"命辞（[90C－F]）中所提到的位置就不能够在地图上绘制出任何一致的方式。在腹甲骨的右方，殷商贞人在"东"的命辞之上写上"北"的命辞；在腹甲骨的左方，贞人就在"西"的命辞之上写上"南"的命辞，就好像（见图8）：

腹甲骨左方	腹甲骨右方
南[90D]	北[90C]
西[90F]	东[90E]

如要更好地在腹甲骨上反映"方"的真正方向，"南"与"西"应该对调位置。

　　事实上，笔者不能揭示各方位与一般腹甲骨上命辞位置的关联。例如，有关"东土"或"东方"的命辞（例子见《类纂》1145.2），其中八片为肩胛骨，只有四片为腹甲骨。[44] 正如在[90A－F]的例子中所见，虽然是呈"亚"形（Allan 1991：75、103－111）及具中轴的腹甲骨，显然比肩胛骨更适合绘制四方方位的位置，但都没有证据说明殷商在这些情况下会优先利用肩胛骨进行占卜。商人明显缺乏"合适的宇宙"，例如，在《屯南》1126 的肩胛骨例子中，就有一份分属命辞的"详细清单"记录了"方"的方位：

　　[131A] 南方

　　[131B] 西方

　　[131C] 北方

---

　　[44]　肩胛骨：《合集》7084（[75]）、9734、14294、28190、30173，《屯南》1126、2170，《英藏》1288；腹甲骨：《合集》7308、14295(?)、30188(?)，《屯南》423。对笔者而言，其他拓片均残缺不全，以致难以辨认究竟是甲骨或是骨壳。

　　［131D］东方

　　［131E］商

这些分属命辞的主题并不明显，[45]被占卜的"方"也不在此序列之中。[46] 这种序列的不清晰，以及对"地图"各种的解读，都显示贞人没有尝试去把各种神力放置在甲骨之上，以反映他们在殷商宗教宇宙的位置。

　　正如在［90A－F］的例子中所讨论，即使商人将方位性的命辞刻在腹甲骨上，依然缺乏一致性的联系。在［76AB］"西土受年/西土不其受年"的例子中（图 7），首先，首句的正卜辞刻写在甲骨骨壳的"东南"位置（假设了该肩胛骨的顶部为北方），这似乎与卜辞指的西方的土地无关；相应的是，次句的对贞"不"卜辞则刻在"西南"位置。然而，如果我们假设该肩胛骨的顶部为指向南方，则［76A］就应视为刻在该骨壳的"西北"位置，这样就是有关西土命辞更合理的位置，不过［76B］的"不"卜辞，就会变成处于骨壳的"东北"位置，这样就不能对应命辞了。再者，若该肩胛骨的顶部为指向南方，［76EF］提到姐受年的命辞，就是被置于该骨壳最北端的位置，这样并不符合姐是位于安阳的西方或南方的观点（第五章，注 19）。假若该肩胛骨的顶部为指向东方，都会出现相近的问题与不一致性。

　　当然，我们可以排除贞人们刻写个别命辞时都把甲骨或骨壳

---

　　[45]　这个主题可能是指一个被肢解的献祭者，在同一片甲骨上的另一命辞提道："丁丑贞：以伐(?)☒。"

　　[46]　在转录［131A－E］中，笔者依据《屯南》1126（释文）内的序列，亦依据姚孝遂、肖丁 1988。但是，如果我们从骨的顶部读起（虽然这不是不变的做法，但通常是这样读），而不是如《屯南》编者们那样从底部读起，那样这些有关"方"的分属命辞序列当为东、北、西以及南。笔者亦需提到《屯南》2170 的另一肩胛骨例子，其中有一条命辞是有关在东方狩猎，之后接着是在北方狩猎的另一命辞。同样，在此片肩胛骨中，卜辞的位置与"方"的方位并没有任何关联。

旋转至他们要提到的方或土的方向这个可能；但这样的手法难以在已记录的卜辞中辨认出来，因为大概不会留下任何痕迹，这个假说难以被验证。㊼

㊼　需要指出的是，殷商曾使用某些像后来式盘样子的肩胛骨，把成组像数字的爻辞置于肩胛骨的各个"角落"，例如，假定爻辞"坤"就是殷商指向的"西南"方，这正巧与《周易》"利西南得朋"的记载相同（英文翻译见 Shaughnessy 1996：103）。连劭名 1988：43 - 44；冯时 1989 这两篇作品均有讨论来自肖楠 1989 出版的肩胛骨。但这个解释是否有效乃不确定（Keightley 1991：379 - 389［于 1998 年修订］）。再者，这只能适用于此一片肩胛骨，而在小屯发现的甲骨中，出现这组有数字的爻辞亦属罕见（有关这方面的证据和学术界的介绍，见张亚初、刘雨 1981；饶宗颐 1983）。最后，这片肩胛骨有几点值得大家反思，虽然其在小屯出土，但这有可能是周早期的占卜，而不是由商人来占卜的（李学勤 1992：148 - 151）。亦因为此，笔者再没有对此进行探索。

第七章　社群：土地及其居民

　　商王及其亲信，以及他们较远的盟友都是居住在不同种类的社区中，这些社区都是密集的农村。这些社区遍布在广大华北平原的各个聚居地（邑，正如[82]）。① 在这样的聚居地的本土社区及其地主已形成与建构出特别的道德和知识观、职责以及行政架构，这些都在社会与政治安排上扮演多种不同的角色。这些社区中的宗教与非宗教力量，与殷商的甲骨卜辞中有关命令的词汇没有差异。就如"帝"，上帝，命令雨（[45AB]、[90AB]），雪、雹、风、雷（[7AB]、[49]）和灾害（[64]、[65B]），② 商王命令他的官员（[74]）和劳工团队（[77]）去执行不同的事务。③ 商王以帝为权力的榜样，毫无疑问地，帝的权力亦是依人世间的榜样而构想的。王朝的领域和宗教的社会分享很多共同价值和假想（可参考Anderson 1991：12 - 19）。

---

　　① 有关"邑"的早期形态，可参见金兆梓 1956：82、87；K. C. Chang 1976c：61 - 63；唐嘉弘 1988：1（这些成果都考察了"邑"的名称、血缘关系及"邑"的地望）。

　　② 以上主题可见《类纂》418.2 - 420.2；《综类》157.1 - 3；有关帝令雨，见《合集》10976 正（亦见第四章注 4）。

　　③ 其他大量的例子可见《类纂》127.2 - 128.1；《综类》46.3 - 4。班大为（Pankenier 1995：163 - 165）亦对商周宗教与非宗教的传统做了各类目的比较。

一、殷商王室群体

晚商的亲属关系与晚商的地域和历法一样，都是一种文化发明。在生活之中，商王站在他们自己的亲属社群中的顶尖地位，这个社群确实存在各种不同特权、权利与剥削，这就导致政治与血亲关系形影不离。例如，商王的儿子都会在他们成年后作为商王狩猎和出巡时的随行人员，并要参与献祭活动，这些例子都形成了"王族"（"王室的血统"或"王室嫡系群"《类纂》981.1－2；《综类》367.4）的支柱。④ 尤其是那些主嫡系（亦即后世文献所称的"大宗"⑤），其父和子与曾在位的商王本身，就是他们宣称的血统延续链的一部分，一直向后延伸，时光倒流自首位先公上甲开始，一直到商朝的创建者大乙，经历十六代至最后一位商王帝辛（图1）。这个由主嫡系组成的核心集团是无间断地维持、更新以及调整，其方法就是在世的商王根据其祖先的辈份有序地主持（"宾"）一些恒常性并且有日期限制的献祭。⑥ 大宗的商王亦可能为集体祷拜的对象，正如：

---

④ 在卜辞中可见的有关血统组织和嫡系的例子，见裘锡圭1983a；朱凤瀚1990，1990a；Keightley 1999b：270－273。朱凤瀚（1990a：50－66、75－78）特别指出记载在卜辞中的"子"（王子，但不是所有"子"都是在位商王的儿子）和血亲祖先的身份差异。"子"为殷商的等级（贵胄子弟）而不是血统名称，有关此研究，见林沄1979：320－324；Chang Cheng-lang 1986：107－108；朱凤瀚1990a：49－50。根据司马迁（约前145－约前85）的记载，作为帝喾联盟一份子（见第二章，注18）的契和简狄，为子族的开山祖（《史记·殷本纪》；Nienhauser, ed., 1994：41）。张光直亦提供了传统的系谱（Kwang-chih Chang 1980：3－5）。然而，子族的确有可能是周人编造出来，来源自商人子族"王子"的头衔（例如 Vandermeersch 1977：301－302）。

⑤ "大宗"一词亦在卜辞中出现，但应该不是指上文所说的，卜辞中的"大宗"可能指的是"在宗庙中最伟大的祖先"（见朱凤瀚1990：5－6；Keightley 1991：438）。

⑥ 两个实例能体现商王在他们嫡系内位置的转变，显然是一个验证"大宗"继承方法的尝试，见 Keightley 1978：187，注 f、h。汉朝同样有类似向祖先献祭的操作，也是为了验证嫡系是否一脉相承，见 Brashier 1996：154，注107。

　　[132] 祷雨自上甲大乙大丁大甲大庚大戊仲丁祖乙祖辛祖丁
　　　　十示率羍⑦

在此例子中，祈雨是针对首位先公上甲（图1），接着就是在主嫡系中九位的商王，最后止于武丁的祖先祖丁，而这片甲骨正是在武丁时期所占卜的。⑧ 这类的占卜和祈祷都是为了维持祖先群体的权威及王权由父传子的转移合法性。

　　甲骨卜辞记载所宣称以祭礼去联系各祖先辈和王朝能力的转达者大概是商王朝身份建构的基础。殷商的精英们均为其世系的后人，他们的主要责任就是去加强和延续其世系，就如他们也是从中吸取力量一样。再者，政权与身份都是由男性嫡系去承传，他们都欣见弄璋之喜，而非弄瓦（正如[40]）。⑨ 殷商就是一个父系社会。再者，由祖甲开始，对祖先的祭礼日渐常规化和清晰，这可能与晚商社会越来越强调世系的权威有关。这种常规化包括在祭礼当中加入严谨的日程，使祖先们在其庙号所代表的日子接受祭礼（正如[39AB]），以及对大宗的商王及其配偶进行特定的祭礼，把配偶纳入祭礼周期中以证明她们具有在大宗中的王室配偶身份。⑩ 事实上，六位在祖甲之后继位的商王，就只有廪辛并非主嫡

<hr />

　　⑦　在《类纂》1361.1中的《合集》32385有关[132]的记载，就删去了"雨"。殷商的刻手的确将第二和第三个字，亦即"雨"和"自"，刻写在卜辞左侧较下的位置，但是笔者怀疑刻手是打算把两字插入在上文提到的卜辞中。这亦是岛邦男《综类》215.3；亦见岛邦男1958：204）和屈万里（1961，no.2282）所转录的。笔者所转录的"率"字，最有可能的解释是指"领导"，见《综览》，no.1567。

　　⑧　没有一个命辞是向在位商王的前一代"父亲"祈雨（卜辞见《类纂》564.2 - 565.1；《综类》206.2 - 3），可以证实的是，只有各种自然力量及更早远的祖先，才有能力影响降雨。

　　⑨　有关更多占卜中所揭示对于生男的偏爱以及殷商在华北平原需要女孩去组成联婚联盟的证据，可见 Keightley 1999：33 - 35、43。

　　⑩　有关祖甲改制以及五个制礼周期常规化的介绍，见陈梦家1956：385 - 392；董作宾1965：109 - 113；许进雄1968；常玉芝1987以及 Itō 1996：1；92 - 95、142，亦可见本章注6。而有关王室配偶的角色，见 Keightley 1999：31 - 46。

系的关系(见图1)。

商王作为贞人的身份对其政治及宗教上的权威起积极的作用。

> 商王进行献祭、主持祭礼以及占卜，这都使他得到丰盛的
> 收获和胜利。似乎有可能的是，如果在占卜中商王加入某程
> 度的魔法、咒语，商王的确有能力透过一场占卜去创造一个好
> 的收成或胜利，以展现他在政治上是有权有势。(Keightley
> 1978a：213)

商王的统治并非只有他自己一人。有少数占卜透露出商王向低辈
分的祖先献祭，低辈分的祖先按序地向高辈分祖先献祭，高辈分祖
先亦按序地向更高辈分祖先献祭，如此类推，直到向上帝献祭，[11]
这表明了逝去的商王们被设想成既是献祭者亦是受祭者的身份参
与这场持续多个世代的祖先祭礼当中，并以他本人的名义，协助他
们王室的后裔去和帝交涉。

商王亦透过一系列祭礼的报告与他们的祖先保持联络(亦见
[14]和[32])：

[133] 告王目于祖丁

[134] 召方来告于父丁

[135] 其告水入于上甲祝大乙一牛

[136] 其酚大御自上甲其告于父丁

不论在世者还是逝者，他们都与社群和礼仪性的架构通话着，

---

⑪　有关《合集》1402 正(《类纂》767.2)(=《丙编》pl.36[《综类》275.4]=《丙编》39)
的讨论，可见胡厚宣 1959：89；Keightley 1983a：8－16，1991：121－127，397－399。可
以观察到的是在这些例子中，主持祭礼的商王是倒转了。不是低辈分(在位商王)者主
持着向长辈(祖先，正如[39AB]和[43])的祭礼，而是低辈分的祖先被更高辈分的祖先
主持着，这些高辈分的祖先包括帝、上帝、唐(K1)。

就正如商王的盟友和下属向他报告一样（正同[82]），商王向他的祖先们报告，一方面是转达一切如疾病、敌军行动、洪水泛滥和祭礼等事件；另一方面则是转达以动物献祭形式的祭祀内容。同时，祖先们直接或间接地在满意时赐予祝福，在不满时降于灾祸给他的后人。亦很可能祖先们把他们所想的事透过占卜时的灼纹与他的后人细说（Keightley 1991：104–142；1994）。礼仪式的青铜器与死去的精英们一起埋葬大概就是提供最大的财富，这使刚逝去的商王能够不断地向更多高辈分的祖先献祭，[12]即使是在世的也能继续的向刚下葬的商王和他们更久远的祖先提供祭礼。

简单而言，王室的血统是复杂和互惠的社会，当中联系着政治和宗教性的社群，在一个世代化的等级制度中，它包含了生者和逝者，由血缘、自我利益以及长期的祭礼链带所联系着。向祖先们的祭礼亦放大了人类社会的尺度，包括逝者，在这血统中较强势的成员，都是在生时享负盛名的商王，仍然在世的后裔无不受其影响以及要对他们有相当的关注。

逝者仍然影响着生者，这可以从逝者有能力影响商王的梦境中可见一二：

　　[137AB] 王梦佳祖乙/王梦不佳祖乙
　　[138] 妇好梦不佳父乙
　　[139] 王梦妇好不佳孽

正如其他传统社会一样，殷商都是用梦境去接收来自鬼神世界的信息（例子见 Colby and Colby 1981：50；Basilov 1990：28；Dorje Tseten 1995：11）。在很多例子中，武丁似乎曾经尝试去辨认在他

---

　　[12]　林巳奈夫（Hayashi Minao 1993）基于西周墓葬中出土的青铜器总结墓主预期在他们所居住的墓葬中能延续献祭，殷商亦存在相类似的宗教传统。

梦中导出（或出现）的祖先（正如［137AB］）。⑬ 有趣的是，商王亦同样为他在世配偶，如妇好的梦而占卜（正如［138］）。在妇好死后，武丁梦到了她（王宇信、张永山、杨升南 1977：18），这梦使他进行一场占卜（［139］），去确保没有任何邪怪之气跟随着她的灵魂。值得一提的是，在一些例子中，武丁梦到他可能不认识的祖先，如在［137AB］中的祖乙就已经死去几代了（在此例就已相隔四代）；大甲（武丁亦曾因梦见他而占卜）⑭亦死去八代了。这说明除了归因于梦谁，或梦见关于什么，亦会梦到他想象自己可能会认识的亲属，⑮武丁的潜意识是他只是透过祭礼、祭拜以及占卜去联系他认识的祖先，而他的梦，就内容和因果关系而言，并不局限于他生活中可能认识的祖先们。⑯ 在这方面，商王大概也愿意让他的贞人们及商廷的其他成员知道，商王梦中的内容和灵感，显示了梦为其中一个方法使他可以去展现具备与祖先沟通的能力，以及他统治的合法性。如果这是事实的话，殷商朝廷的考虑凌驾商王个人的考虑。

　　商王自己身体的病痛也扮演相似的角色，有如牙痛，就被认为

---

　　⑬　高岛谦一（Takashima 1973：243、394，注 34；1990：31）指出子句隹/不隹提供了"前一句一个理由或原因"。在［140］中有关隹的"注解"角色，使我倾向接受这解释。这的确有其可能性，然而，根据高岛氏的研究（Takashima 1984：32-40），这命辞的主题为王梦，为一"类似—所"架构，"王所梦"就是"王梦见什么"，因此，［137A］可能理解成"商王所梦到的祖乙"。不要忘记的是，在《史记·殷本纪》中，武丁梦见的是他获得一个叫"说"的贤人（Nienhauser, ed., 1994：48）；然而，在此例中，他的任务是去辨认生者，而不是他所梦到的逝去的祖先。

　　⑭　见《合集》14199 正（《类纂》1186.1）=《缀合》219+《乙编》6638=《丙编》212（均见《综类》450.4）。

　　⑮　如此，例如他曾梦见兄丁，即他"年长的哥哥丁"（《合集》892 正=《乙编》408）；他亦把梦归因于他另一位配偶妣戊（《合集》10408 正=《缀合》194=《丙编》102.9；需要指出的是张秉权提出完全不同的解读）；均见《类纂》1186.1；《综类》450.4。

　　⑯　不能确定的是商王的想象中，先妣们是否发挥和先考们同样的"主持"角色。《合集》17377 正（《类纂》1186.1）记录梦见的是祖丁（K15）配偶、武丁祖母妣己。武丁的确有可能在年少时认识这位王室"贵妇"。

是祖先灾害的一种，如：

　　　[140] 疾齿不隹父乙害

新近逝去的商王被怀疑是以这方法伤害武丁的健康。[17] 因此，他的疾病提供了另一种方法去证明他祖先的力量，以及如果进行合适祭礼的话，他的能力也可以缓和祖先们的恶意（Keightley 1998a：804–808）。武丁亦很有可能将他的父亲和三位叔叔（即他分类下的"父亲"，见图 1，K17–20）视为灾害的来源，以告知我们在殷商王廷内几代人存在纠缠不清的关系；若他能在叔叔们仍在世的后人面前责备叔父们的恶意，这可能揭示在武丁与他几位叔叔们的子孙间存在着某种政治斗争（亦可参见 Keightley 1978：1–2 所重构的情景）。

二、其他的社会

　　有关统治嫡系以外的晚商社会中，人名、族群名、地方名和鬼神名都是相等的。这种相等表明在华北地区的社群或部落都是普遍聚焦在居中和守护神所在的神圣之地，并为这个地方命名或者是从这地方取名，而该守护神所在之地亦会被拜祭，具相同名称的族群领袖衍生出他的权威，此权威则来自他神话性的祖先，殷商本土社区的人们按同样的同名称谓而被确认为社区的一份子。[18] 殷

---

　　⑰　有关父害（父某某害）的卜辞（《综类》82.1–3；100 例）远超过祖害（祖先某某伤害）卜辞（《综类》82.3–83.1；26 例），比例几乎四比一（卜辞例子可见《类纂》684.1，而684.1–2 不太完整）。

　　⑱　张秉权（1967）提供了很多证据去辨别地方名和个人人名；刘克甫（Kryukov 1966：542）亦言"部落、个人名称、地名均为一致"；朱凤瀚（1990a：41，65）亦提供了很多春秋时期取自地名的家族名字的例子。笔者用"社群或部落"是避免为地方层级中的社会组织提供精确定义（有关所涉及问题的介绍，见 Fried 1983）。晚商的甲骨文和考古证据让我们设想商朝与部落和酋长有互动关系。

商的情况似乎在很多方面都体现了早期宗教的特征，如罗伯特·贝拉(Robert Bellah 1970：27)指出：

> 神话世界在很大程度上与现实世界的细小特质相关联着。不仅是每个族群和本土群体都定义了祖先先辈与聚居地的神话事件，而且实质上每座山、每块石和每棵树是被解释成是神话所造成的。

以一个例子说明这是如何实行：[19]甲骨文字羗神(《类纂》467.1；《综类》174.1)是被认为可以控制下雨和收成(正如[10AB])，[20]羗的全形，𡶫，乃结合"羊"和"山"字素。[21] 正如赤冢忠的观点所说，如果𡶫字可以缩写成有羊字素，那样，这就说明羊就构建或描绘成羗神，而羊就可能是羗或羌族鬼神灵魂的源头，其名字或后世文献就视之为牧羊人。[22] 一位名叫羗的占卜官员被记录在超过三十个卜辞(《类纂》472.1‐2；《综类》175.4)中；他这个名字大概是与族群

---

[19]　在接下的这一段落中，很大程度是来自赤冢忠极其有想象力和受丰富的人类学重构的启发而写成。

[20]　雨：《合集》12855＝《佚存》40(《综类》174.3)；收成：《合集》10084(《类纂》467.2)＝《甲编》2029(《综类》174.2)；《合集》9658 正(《类纂》469.2)＝《乙编》6881(《综类》175.1)。

[21]　很多学者(见《综览》no. 0512 的分类)把甲骨文字𡶫形容成"羗"或"岳"。伊藤道治(1961：271)主张岳神就是嵩山，嵩山亦是位于郑州西南的圣山；亦见 Kleeman 1994：226‐227；郑杰祥 1994a：44‐45。然而，笔者接受赤冢忠从语境上的分析(1977：92‐105)，主张隶定成羗，读音为 xiang(可参考 Itō 1996：1；57、63)。相关问题的研究见 Keightley 1982：268，注 5、281；Serruys 1982：482‐487。

[22]　赤冢忠 1977：83‐92、109、118、123、152、154；Keightley 1982：281。有关缩写的形态例子，见《合集》9552(《类纂》845.2)＝《前编》4.53.4(《综类》176.2)；《合集》33747(《类纂》1281.2)＝《拾掇》2.159(《综类》488.1、101.1)。然而，需要指出的是，《类纂》的编者没有解读羗各"缩写"的版本；蒲立本(Pulleyblank 1983：421)更反对在羗字中，字素"羊"有任何语义上的角色。

有关。㉓ 而"妇羊"或"妇娣"，则出现在其他卜辞中，例如㉔

　　[141] 妇娣示十屯·争

这同样提出了羊乃一社群或方国的名称。显然，羊既是武丁朝王室配偶的名字，亦是一个或多个占卜官员的名字。

　　商王以占卜和祭礼去绑定他们王朝内的各种下属和盟友（Keightley 1979 - 1980：28 - 31）。当商王向山神（正如[81A]）㉕或河神（黄河之神，正如[142]）㉖祈祷或奉献时，都会假设那些自然之神所居住的地方为殷商文化和政治领域的一部分，而这些神灵都会很积极和主动地协助殷商。这些祭礼和献礼都充当了商王声称拥有霸权的最有力象征。在殷商常常提及的某些自然神也视为祖先，正如（图 9）

　　[142] 辛未贞：祷禾高祖河于辛巳酚燎

在这命辞中，所作的献祭为占卜日起 10 天后的事情，㉗而这向自然神的献祭亦连结到商族早期的先公们，正如

　　[143] 辛巳卜贞：来辛卯酚河十牛刌十牢王亥燎十牛刌十牢
　　　　　上甲燎十牛刌十牢

这足可证明殷商与华北诸神合作无间，例如黄河神和岳山神，殷商

㉓　有关卜辞，见 Keightley 1978：15 - 17。盖作为贞人名字只在一片胸甲骨中出现过（《合集》7103 正＝《丙编》94.1；注意的是这片胸甲骨非常细小，只有 11.8 厘米长）；见张秉权有关《丙编》94 的注释，亦见饶宗颐 1959：778。

㉔　见《合集》2488（《类纂》190.1）＝《续存》2.67（《综类》436.3）；《英藏》154 臼（《类纂》1151.1）；以及《续编》6.24.9；《南北》"南"2.24；亦见在《综类》436.3 的其他卜辞。

㉕　亦见转录在《类纂》467.2 - 468.2、470.1 - 471.1，《综类》174.2 - 3、175.2 - 4 中的卜辞。

㉖　并见《类纂》488.2 - 489.2、492.1 - 493.1；《综类》181.4 - 182.1、183.1 - 4。

㉗　[142] 和 [143] 两条卜辞，均刻写在肩胛骨上，且具有相同的书法和页面设计，可以断代为第 2 期的历组二类。

和诸神庙宇合作,从而使他们在其领土的社群内继续宣扬在宗教、文化和政治的影响力。㉘[143]中的祭礼必使人印象深刻,因为该祭礼耗用了六十头牛,而这六十头牛也在河神,以及王亥和上甲两位先公之间平均分配了。㉙ 换句话说,在殷商最高级别的众神庙宇之中,各种神灵的宗教管辖似乎出现很多的重叠。

人种学的类比指出,这些本地社区的居民、田野以及祭礼和禁忌都与他们的耕作有关,以及墓地和突出的区域特色,都是殷商会考虑到的宗教空间,作为一个有野心的霸权社会,殷商如果有其他选择,殷商就必定会做得妥当。商人对其族死者的极为关注,可反映在祖先的祭祀和位于西北岗、小屯、殷墟西等地豪华的墓葬当中,商人对这些墓葬非常重视,这种关注呈现出商人并非对其祖先祭拜与其他群体的共享神话漠不关心,或多或少地有着相近的文化习俗。在商王列表排第 14 位的羌甲(图 1),名字带有"羌",暗示晚商力求将包括非商族群中的统治者放在商王列表中以强化其自身的政体,这可视作殷商将政治和宗教融合的过程放置于对待自然神灵之上(页 103)。㉚ 这亦体现了羌族精英们已经准备好去接受祖先崇拜的基本假设,亦即殷商祭礼系统的底蕴。但同时,羌

㉘　有关出现在王畿之内提到山和河的占卜卜辞,见郑杰祥 1994a：44 - 75。

㉙　有关上甲、王亥以及河神之间的传说关系,可见例子：王宇信 1981：131 - 132；Itō 1996：48。郑杰祥(1994a：345 - 351；地图 5,在该书卷尾插入)描绘了晚商时期和现代的黄河路线,显示在晚商时期,有一条长约 60 千米在今天黄河西北的"内在河道",位于距离安阳约 65 千米的地方,向东北方流入今天内黄和南乐之间。这可被视为更接近今天的安阳,正如郑氏所言,这就有助我们解释为何向黄河占卜是商王最感兴趣的,因为黄河流经商人最主要的狩猎和农业区。他相信这是在一些如《尚书·禹贡》、《山海经·山经》《汉书·地理志》中所描述的旧河道。在商周之际黄河河道有明显的稳定性,这使郑氏提出商人从事一些防洪工程如修筑堤坝。虽然,在甲骨卜辞中没有明显的证据,但是笔者猜测河道的稳定性极大可能是由于有茂密的植被覆盖在华北平原和华西地区,从而减少侵蚀和淤积。这个情况在东周和汉时期明显恶化了,当黄河的淤积慢慢累积,"黄"的称呼也第一次出现了(李行健 1987：70 - 74)。

㉚　有关殷商宗教融合的做法,见伊藤道治 1956：26 - 38,1961：278；Itō 1996：1；38、49、70、75、85、86、136。

亦常以殷商敌人之名并在殷商人牲祭中以犯人之身份出现，正如：

　　[144] 其又羌十人王受又㉛

这类情况体现了殷商对羌的某种矛盾性，既待之为非商族群的受难者，亦待之为早期商王中某位的亲属。

三、人们、动物和景观

　　此处的宗教气氛会随着动物的活动、哭泣和它们经常受到威胁而显著地增强，商王和他的贞人们一旦离开了核心区域的边界，他们会继续密切地关注这些活动。鸟儿亦大量的存在于这片区域。㉜毫无疑问，当时有不少相比人类来说是中型和大型的动物生活在华北平原上，这使乡郊地区必然地成为动物的家园。㉝野猪、猴子、鹿、老虎、雀鸟、蝗虫（[13]、[14]）等的危害，会波及农作

　　㉛　亦可见其他在《类纂》43.2 - 46.2 和《综类》15.3 - 16.3 的卜辞。

　　㉜　直到 20 世纪 70 年代，许多鸟类仍然常年地在安阳地区栖息、迁徙和过冬。考虑到晚商安阳的气候会变得温暖，尤其是在夏天的月份（第 1 章），笔者汇集一张粗略并不太完整的清单（基于郑作新 1979），内有大约 200 种商人应该知道的雀鸟类型，笔者在此提供此清单的一部分（笔者不列出每个种的亚型），以说明晚商禽鸟生活的丰富性：小鹏鹈、苍鹭、紫背苇鳽、黑鸢、牛背鹭、大天鹅、斑嘴鸭、西方秧鸡、角鹏鹈、斑嘴鹈鹕、普通鸬鹚、白鹳、朱鹭、琵鹭、灰雁、棕硬尾鸭、绿翅鸭、赤颈鸭、赤嘴潜鸭、苍鹰、大鵟、金雕、白腹鹞、游隼、灰背隼、红脚隼、红隼、石鸡、鹌鹑、白冠长尾野鸡、灰鹤、赤南美田鸡、乌水鸡、大鹬、大鸨、彩鹬、凤头麦鸡、灰斑鸻、麻鹬、鹤鹬、白腰草鹬、孤沙锥、白翅浮鸥、岩鸽、山斑鸠、四声杜鹃、领角鸮、雨燕、斑鱼狗、黑枕绿啄木鸟、云雀、家燕、太平鸟、黑枕黄鹂、冠鸦、红嘴蓝鹊、秃鼻乌鸦、寒鸦、鹪鹩、红喉歌鸲、野翁鸟、蓝矶鸫、红喉鹨、大山雀、鸸、白头鹎等等。在前二千纪的末期，工人们在玉和青铜的工艺品上用了雀鸟的图案，并不因此作为证据说明安阳地区就已有这些雀鸟存在，相反，它提供了更强的证据说明殷商趋向于对环境强加控制。根据 Florance Waterbury（1952：83）的研究，在商的铜器上，雀鸟"都是公式化，其物种只能推测……事实上，雀鸟比青铜器上任何的动物更见规范性"。

　　㉝　宋镇豪（1991：105）根据卜辞、考古和传统的证据（经常有出错）做一粗糙估计，认为殷商第五期时，小屯地区的人口约有 23 万。

物和牲畜,而这些农作物和牲畜却是以一宗教性的角色支持着殷商的日常生活,这些危害,会被类比成为祖先的降祸或是帝和其他神力的行为,例如是受季节性降雨的影响和农作枯竭([11AB]、[12AB])。[34] 卜辞中有很多王室狩猎成功的例子,这些日常性的占卜都指向宗教上人们与野兽的暴力冲突和商王在王畿的冒险行为。[35] 以下的验辞就说明杀戮的野兽越多越是一场好的狩猎:

[145] 癸卯允焚获[兕]十一豕十五虎□麇二十[36]

这验辞是一吉兆,展示着神灵的最爱犹如商王一样,可以在土地上来去自如。这种记录,把人们对成功的渴求联系到精神上的认可,并把殷商视人类为本的观点反映到动物和世界之上提供进一步的证据。[37] 这种由商王主持及其官员或盟友参与的场合,体现了他们追求着一种游戏,正如卜辞[148]和以下两条:

---

　　[34] 例如,野猪和鸟神的力量就会影响并摧毁农作物,可见赤冢忠 1977：279 - 280。而有关在安阳发现的动物遗骸和甲骨卜辞中有关动物的记录,见 Fiskesjö 1994：44 - 62、118 - 127。

　　[35] 例子可见 K. C. Chang 1976b。有关殷商狩猎卜辞的日程和狩猎区域的地理空间有限之讨论,见松丸道雄 1963；伊藤道治(Itō 1996：1；88)也有类似的总结："商王直接控制的地区……相对较小。在狩猎的地方上能为此提供证据。"钟柏生(1972：21)质疑松丸道雄的方法和结论。许进雄(Hsü Chin-hsiung 1977：xxxv - xxxvi)并参考他在 146 页对《孟子》的注释 B1918+2096)指出至少某些商王的狩猎是离礼祭中心更远的地区,这远超出于松丸所指的地方。郑杰祥(1994a：79 - 156)讨论商王六十个主要的狩猎区,总结出商王都是在他称作"濮阳狩猎区"的地方狩猎,并扩展到今天山东西部边界,以及位于滴河(见第五章,注 56)上游更小的"沁阳狩猎区"。

　　[36] 笔者在这是跟随《丙编》102.1 的翻译并做一些调整,这是据司礼仪(Serruys 1981：326)和高岛谦一(Takashima 1994：498)的翻译。有关甲骨文字 𧰨(兕,《综览》,no.1149)解读成野生水牛,见 Lefeuvre 1990 - 1991。

　　[37] 马思中(Magnus Fiskesjö)在 1995 年 4 月 14 日的一封信件中,指出他在 1994 年的一项有关安阳地区发现的动物残骸与殷商狩猎记录的研究里,殷商的人类中心观已经成形,并把世界分成至少四类：商人、非商的其他人群、家禽动物和野生动物,而前两者彼此之间的关系与后两者相同。正如他提到："在这观点中,很有可能还有其他隐藏了的类别。"

　　[146A] 王叀犬比亡灾

　　[146B] 王比犬擒

这些卜辞表明了商王的狩猎中包括了殷商社群的其他成员。正如验辞所示，商王得到某数量的鹿、野兔或兔、猪或野猪、狐狸(?)、野生水牛、老虎、野鸡(?)和象，[38]这些成功都能提供政治及宗教上的作用，证实了商王在华北平原具主导能力，对于他身边的人群，无论是直接受商王指挥或被邀请参与狩猎的，商王提高了不少声望(Fiskesjö 1994：127 - 133、156 - 157)。王室的狩猎，提供了军事训练的机会，亦会联系到殷商的农作；焚烧丛林可以有助开辟新的农业耕地(见[74])和在新的田土上利用植物灰来施肥。[39] 而且，狩猎能保护农作物免被动物掠夺破坏，亦能为包括敌军的人力带来流动性。[40]毫无疑问，狩猎亦能鼓励商王及其随从对其国土及子民多加注意，而狩猎者"对周围环境发出的信息形成敏锐的接受能力"(Jackson 1980：5)。换句话说，商王的狩猎，是鼓励着商王与住在其领土的人们和动物的互动，这富有建设性和启发性，而不是单纯的剥削性和政治性。商王的狩猎可以使他与世界保持关系，亦使他超越礼仪中心的局限。

　　用作屠宰和献祭的动物，一些是来自狩猎所得，但更多是驯养得来，[41]而且，有更多证据说明动物能扮演联系人和神灵的角色。在

---

　　[38]　见于《类纂》19.1(包含不完整的卜辞)和《综类》489.3 - 4 中有关"允获……"的验辞。

　　[39]　"田"字既可指见"田土"(《类纂》465.1 - 2;《综类》173.2、502.4;见《合集》29990 [翻译见第 5 章,注 10]和[72]、[73]、[74]、[82]、[116]),亦可指"狩猎"(《类纂》803.2 - 810.2;《综类》289.3 - 297.1;见[1]、[15]、[16]、[17]、[20A]、[121])。田,是商官员进行农业活动的责任,有关此见,见裘锡圭 1983：1 - 7。

　　[40]　Keightley 1969：102 - 108；张政烺 1973；Kwang-chih Chang 1980：223；裘锡圭 1989a：22 - 23、30 - 32。

　　[41]　张秉权 1968：225、227、229、230；Fiskesjö 1994：76、78 - 85、150 - 151。有关这些动物的献祭,例子可见[5]、[24]、[25AB]、[30]、[36]、[79]、[92]、[115]、[119]、[135]、[143]。

火占的神学观上，牛肩胛骨和龟甲两种骨质材料上可直接烧灼以将神灵和祖先对吉凶的结果呈现出来，这进一步展示了动物在殷商宗教观念中具战略地位。[42] 大量不同的动物形态，如老虎、龙、蛇、蝉、鹿、鱼、猫头鹰和其他雀鸟，[43]以它们的外形，作为装饰刻在晚商的礼器上，这就更是很强的证据说明这些动物在宗教上的价值。

　　人，却很少出现在青铜器的图案之上，我们认为，人是在这些动物上起着从属和顺从的作用，而这些象征性的动物被视为具有深情、崇敬和敬畏之情，这不仅从周代有关动物的保护和其祖先性角色神话中可以看出，亦可以由动物、商的神灵以及各部落之间的所建立的联系看出，动物被视为其庇佑的精神（K. C. Chang 1976a、1976b）。我们已经从前文看出羔神与羊的可能联系（页93）。从图形及语音的角度考虑，商先公王亥原本可能是作为公猪或猪被崇拜的；[44]被视为先公世系上精神支柱的夒（见第 2 章，注18）则被描绘成猴子形 ，[45]一系列的社群和部落亦使用动物的命名：象（《类纂》631.2；《综类》223.3；赤冢忠 1977：146）、马（《类纂》624.1；《综类》221.1；赤冢忠 1977：146 - 147、300）、雀（《类纂》

---

　　[42]　有关不同牛和龟种类的使用，见 Berry1978；Keightley1978：6 - 9。有关神学上的火占卜，见 Keightley1991：95 - 142、1994。

　　[43]　有关这些似人形的图案和其可能的意义，见 Waterbury 1942，1952；K. C. Chang 1983：56 - 80，1990；Kesner 1991；Allan 1993；Bagley 1993a；Li Xueqin 1993；Rawson 1993；Wang Tao 1993；Xiong Chuanxin 1993；Childs-Johnson 1995。

　　[44]　赤冢忠 1977：147 - 148、178、276 - 277、280 - 283、295。赤冢忠指出在卜辞中有关于"豕"，即公猪或猪的社群或部落的记录；很多贞人的名字有猪的元素，王亥的"亥"与"家"中的"豕"具有相同的语言值。赤冢忠还指出在亥（《类纂》1245.2、《综类》479.2）中添加了雀鸟的元素（页 285 - 295），这使王亥成为雀鸟神的象征；印证了胡厚宣（1977）认为雀鸟的元素表明了商雀鸟图腾的存在。这些合成图像的发展提供一个场景让我们思考，这些各种动物元素的形象性结合，并装饰在晚商铜器上，很可能具有某种象征性、美学性和特别意义。

　　[45]　赤冢忠 1977：143 - 145、295 - 301。在其他卜辞之中，赤冢忠还引用《乙编》4718（《综类》100.4）=《合集》8984（《类纂》381.1）以及青铜器小臣艅尊（页 301、671 - 675）。

667.2；《综类》236.3；赤冢忠 1977：145；Itō 1996：1：68－69)、虎（赤冢忠 1977：138)、[46]龙（《类纂》677.2；《综类》241.1；赤冢忠 1977：158－159、215－217、742)等等。[47] 在晚商时期，一定数量的动物名称，连同动物的图案徽章铸刻在礼仪性的铜器上，展示出这些图案比语音更具价值。动物图案的徽章与部落间的这些联系，都大概是来自新石器时期，河南北部仰韶文化、浙江的良渚文化、辽宁的红山文化、内蒙等地的后期信仰。[48]

　　动物和人通过身份、血统、同伴感（虽然这不一定是友善的感觉。这种感觉在一些家禽如马、牛、羊、猪、狗上会显得特别强烈）而紧密地联系在一起，在一些例子中，他们纵使不是活在同一屋檐下，但他们与其主人仍然有很密切的关系。[49] 毫无疑问，商王及其

---

　　[46] 赤冢忠以《前编》6.63.6(《综类》27.1＝《合集》8409[《类纂》74.2])的例子，确认了虎族群或部落可能不包含虎方。不过，毫无疑问，该部落或社群的首领称为虎，见《合集》4366＝《前编》4.44.6；《合集》6553、66554；《续存》1.607(全部可见《类纂》982.2、《综类》366.1)。

　　[47] 丁山(1956：32)相信他能在甲骨卜辞中认出 200 多个图腾氏族的名称(亦可参见 K. C. Chang 1976a：166)。

　　[48] 在不少新石器时代的遗址出土的陶器均有鱼、龟、蜥蜴和雀鸟的装饰，但每一遗址只限于一种(见 Kryukov 1966：541)。有关在陶罐上鱼和蛙的图腾，见辛夷 1987：99－100；如鱼 1991。有关红山文化的猪和猪龙图腾，见 Nelson 1995。有关在中国东部海岸发现的玉器，其图案徽章可能代表阳鸟或鸟夷等族群，见 Wu Hung 1985，张明华 1990：34；而有关商的雀鸟图腾，见胡厚宣 1977。有关新石器时期黄河流域的陶器和玉器上图腾图案的质量，见张德水 1993。然而，有关"图腾主义"概念是否适当，颇值得思考(见本章注 51)。

　　[49] "家"的字形是一头猪上有一大屋檐(Karlgren 1957，no.32a；《类纂》759.1；《综类》272.2)，这说明了人和动物是共同生活的；例子可见 Wieger 1963，no.69－c。不过，在甲骨文字中，家是指王室宗庙，猪的字形元素是指在宗庙内献祭；见陈梦家 1956：471；Vandermeersch 1977：153－154；王仁湘 1981：82；白川静 1983：62。而与宰(圈养的羊)很像的甲骨文字〔图〕(圈养的牛)则是由某种围场组成(《类纂》581.1、590.1；《综类》213.1)(虽然这不是用"家"或"宗"的屋檐〔图〕之形)，说明这些动物在献祭前在圈养地或某些建筑物内做最后的准备，不过，没有证据说人们与动物分享这些建筑物。我们还可以从其他文化的研究去思考人和动物在如此紧密的关系下生活(例子见 Keith Thomas 1983：92－142)。

官员对某些野兽相当关注，注意的事项如它们的身体健康状况、准备献祭的羊或牛的特点、王室狩猎时用到的猎犬和战马，商王亦会把一些稀有动物如象置于王室动物园（Cheng Te-k'un 1960：88；见 Fiskesjö 1994：57 所引的有关证据）。正如商王会夜梦祖先一样，他们亦会梦见动物（见本章注53），并会占卜这些梦的意义，看看梦是否具进一步的迹象代表某些象征性价值。一些名为"多马"（《类纂》624.1－2；《综类》221.3；[147]）、"多犬"（《类纂》605.2；《综类》216.1－2；见[148]；并参[146AB]）的商代官员，亦证实了人与动物紧密融合，这些以动物名称为名的官员们被指派去捕其他动物：

[147] 呼多马逐鹿获[50]

[148] 呼多犬网鹿于麌

根据现有的证据，我们无法去说清商人的行为有多大程度是如涂尔干（Durkheim）所预期的，他预期的是将社会秩序神圣化到集体表现、规范某些图腾的标志和图案、提升它们到祖先的层次以及将其神圣的光环加大。[51] 然而，很多近代人类学家对涂尔干所举模型的反应是，当我们结合商代留下的证据中有关朝廷、宗教，以及"正统"上的偏见时，都发现这些经常强调信仰和实践能促进

---

[50]　有关多犬及多马，见钟柏生 1992：134－138、141－146。有一观点认为，在有关狩猎和战争中的"马"，并不单指马匹，而是指战马，如此多马就是"很多战马"的官员，见王贵民 1983。

[51]　不少学者都主张，很多"中国传说中的古代圣人都是将动物神灵神话历史化"；亦有学者认为"很多神话和传说中的英雄是族群和社群中真实的首领并以动物作为其图腾祖先"（K. C. Chang 1976b：174，尤其他引用杨宽和孙作云的研究）。其他有关殷商图腾主义的研究，见常正光 1983；王玉哲 1984：63；Allan 1991：46－56；Xiong Chuanxin 1993；孙明 1994：27－28。有关早期中国或其他地区使用"图腾主义"衍生问题的介绍，见 Lukes 1973：521、526－527；Birrell 1993：15、59、190、255－256，1994：88－89。

团结,指出了在商代礼仪记录中的名称、徽章和图案,都是理想中的事物或就算存在争议性,但都不是商代社会一定有效的"集体表现".⑤ 话虽如此,却有证据表明殷商赋予动物至高的宗教意义。不论这意义的精确性质如何,动物都为殷商的精英阶层所创造的主张提供一个重要的象征词汇。动物的活动和活力会成为它们生命本身强大的象征。而且,正如世界其他文化所示,动物的本性如"躁动、难以捉摸、无处不在、无法预测、好勇斗狠"恰如其分地象征神灵本身的性质(Lévi-Strauss 1963：74 - 75,引自 Fortes 1945：145)。在日常生活中,商人会在丛林间的巨大对战中遭遇败战、战马的嘶叫声、牛的低沉叫声和羊的咩咩声、所有家畜有关的各种气味,以及殷商官员和社群传播动物的祖源及其名称。在他们进行礼仪时,会在骨头或龟甲进行火灼,动物献祭前的哭泣以及火烧动物尸体而产生出来升上天空的烟、向祖先性动物图案祈祷和祭祀;加之老虎和鹿等动物出现在商王的梦境,⑤ 以及在祖先祭礼中使用闪耀的青铜器的表面铸刻了非写实的动物图案,这些都加强了商王对世界的敏感度,这个世界中,动物如其他自然现象,亦如人一样,表达及关注统治这世界的神灵力量,使世界有生命和吉凶。

四、土地上的力量

　　晚商的精英们在自然性、动物性和祖先性的神灵上加入富有

---

⑤　有关对涂尔干的研究的回应,一些初步的总结见 Lukes 1973：522 - 523、525;Bell 1992：24、130、171 - 172、175。

⑤　我们并没有很好的把握去解读这些有关武丁梦见动物的命辞,但他确曾梦见"鹿"(《合集》17391[《类纂》1186.2]=《缀合》74[《综类》451.1])、"石麋(?)"(《合集》376正[《类纂》1185.2]=《乙编》1277=《丙编》96[《综类》312.4])、"白牛"(《合集》17393 正[《类纂》1186.2]=《簠殷》"人"6[《综类》450.3]),和"大虎"(《合集》17392 正[《类纂》1186.2]=《铁遗》10.6[《综类》451.1])。

意义的数字，让其神性得以在商宗庙上的土地展示出来；这些神灵的功能就变得不太局限。正如土和方神，他们的角色常常出现在农业上，正如：

> [149] 酚祷年于羞河夒

另一条出现在同一片肩胛碎骨（?）的命辞则记载在四天之前，也就是年终闰月"第十三个月亮"时的占卜，说明了[149]可能是为了祈求丰成收获，并把之联系到在农耕年度开始之时。

殷商的社会中，河神灵（正如[12B]、[14]、[142]、[143]和[149]）的形象亦同样突出。洪水（也指"大水"）带来的危险相当真实，流经位于西北岗的商王墓葬区和小屯宫庙群的洹河就尤为显著：

> [150AB] 今岁亡大水／其又大水
> [151AB] 洹其作兹邑祸／洹弗作兹邑[祸]

殷商亦会适时地派遣代表团到河神和山神的圣地进行拜祭：

> [152] 乙酉卜宾贞：使人于河沈三羊曹三牛·三月[54]
> [153AB] 使人于羞／勿使人于羞[55]

再者，商王本身都会亲自参与这类朝圣活动：

> [154] 王其往灌河不若[56]

很多时候，殷商亦会以燎祭（例如《合集》14553[《类纂》71.2]＝

---

[54]　正如伊藤道治（Itō 1996：60）所提出，河很有可能是位于黄河附近以用作向河神献祭的地方。

[55]　我们无法肯定在[153AB]中提到派人前往羞的任务是否一场礼仪活动，但如果比较"乙酉卜[贞]：丁亥[使]人于河"（《合集》5523[《类纂》493.2]＝《粹编》46[《综类》1.3]）和[152]两条卜辞，那样[153AB]的确可理解为一礼仪活动。

[56]　有关"灌"，即"奠酒"，见第2章注8。

《前编》2.9.3〔《综类》25.4〕）和酦祭（例如〔149〕）开始其礼仪活动,[57]进行这些祭祀是在他们的国土,包括一些传统的圣山圣河,又或是商在其领土内建立的祭祀中心地区或者是商王刚巧去到的地区。[58] 简而言之,诸神并非被绑定在某一地区,在命辞中可发现他们的流动性,例如：

〔155A〕夒（见第 2 章注 18）即宗
〔155B〕河〔即〕宗

两条命辞均出自同一肩胛碎骨,想必夒和河都是前往殷商故地礼祭中心的庙堂,而不会是神灵的故地。[59] 这些卜辞说明了,虽然商王及贞人们不停地在充斥着神灵的土地上穿越,但是神权政治理论,即集权中央神学,亦同样被设想成诸神在大地上走来走去从而接收商王的礼仪和聆听其祷告。商王在大地上的出巡是有着各在上的诸神一同陪伴的。

因此,标志性的地方和其社会,不仅仅是当地的领域和固有的神灵会在商王经过他们的势力范围时才受到特殊的宗教待遇。诸神与其诸多传统之地紧紧联系着。在众多有关外出和狩猎的占卜命辞中,均有公式化的结尾用语——"亡祸"（这将没有灾害。《类

---

[57] 有关"酦祭",见贝冢茂树对《人文》83 的注释；Kwok-ching Chow 1982：319-323；周国正 1983：282-284；Takashima 1984-1985：251,1988：680, n.23.

[58] 甲骨卜辞有关燎祭、酦祭以及其他礼仪的功能没有明显的表示。周国正（Kwok-ching Chow 1982：345；周国正 1983：294）基于使用层面主张,酦祭可能是"一场献祭前的准备以及分隔其他献祭"（高岛谦一亦同意此论〔Takashima 1988-1989：30；高岛谦一 1989：156, n.48〕）。至于献祭时燃烧上天的烟（以及小米酒的香气味）,可被解读成之后的时间会招来神灵。这是合理地假设殷商向诸多文化分享此信仰（伊藤道治 1961：276-277；赤冢忠 1977：87,550-551）,而燎祭亦具此功能。

[59] 赤冢忠（1977：43-44）就"于南方将河宗"（《合集》13532〔《类纂》494.1〕=《续编》1.38.3〔《综类》183.4〕）这一卜辞的例子指出,河（河流）神庙乃建立在一个向河神进行拜祭的神圣之地上（见〔152〕）,诸神相当可能在他们自身的故乡以及朝廷的礼祭中心都有其庙堂,然而,这些卜辞都无法提供确凿证据证明此论。

纂》296.2；《综类》68.1）和"往来亡灾"（外出和回来将没有灾害。
《类纂》321.2；《综类》79.1），这些例行公事和自动化的用语，回应着
一些可能对商王有危害的未知力量（见页 65－68）。⑩ 同时，如卜
辞上揭示的一样，商王确实以协商来构想他和某些主要神灵如河
（[12B]、[14]、[142]、[143]、[152]、[155B]）和羌（[10AB]、[81A]、
[153AB]）的关系。从而，象征性的地方不仅是对自动化用语的回
应，它们在某程度上适应了商王朝的需要，因为商廷选择了其礼仪
仪式的地方和时间，测试所涉及诸神的意旨，结合对诸神和对商王
祖先的祭礼（正如[143]）以及赋予诸神祖先性的地位（正如[142]）。

　　最后，为补充本书开篇时对自然景观的论述，一些对商王、贞
人们、人为及神灵的考虑也需在此提出来。⑪ 商的精英阶层可能
是一些崇拜者，或者，更正确的是，某些在自然界中崇拜者，但是他
们跟自然爱好者不太一样。当商王撤走了他的核心区域或驻扎之
地的防卫时，就会经常出现对"灾难"的恐惧（见页 65－68）。在商
的神灵谱系中，很多不论是地方性、非流动性，又或者是流动性和
走动的神灵，都赫赫有名地被赋予了祖先性资格（如[142]中的"高
祖[黄]河"）。无论如何，因为他们本身并非商的祖先神灵，他们依
然存在无可预测的特点和一定的危险性。⑫ 如上所言，一定程度

---

　　⑩ 马思中（Fiskesjö 1994：138－139、161－162）提出了一个假设，在第 5 期卜辞
中，有关狩猎的卜辞持续地占显著地位，同时期，许多早期的占卜主题却逐渐退场（亦见
Keightley 1978：122；1988：378－383），这可以解释是，就狩猎而言，失败的机会相对较
小，那样商王的预测就难以证实是不成功的。在此观点上，排除了面对严重危机的挑
战，帝乙和帝辛时期狩猎的占卜就有验证商王预言能力的功能。猎人需要运气，有时或
许需要魔法，但却没有深厚的形而上学或宗教观。那些如[1]、[15]、[16]、[17]、[121]
和[147]的狩猎卜辞，并不是以正反对贞卜辞的形式出现用以支持此观点（有关对贞卜
辞的形而上学意义，见 Keightley 1988：372，381）。
　　⑪ 在此的一些提法乃源自 Mandrou 1977 和 Thomas 1983：192－241。
　　⑫ 有关这些神灵，包括帝和其他自然神，可见陈梦家 1956：561－599；Chang
Tsung-tung 1970：211－235；Itō 1996：1：3－22、57－75。

上,商王是在他们的居住地、营地和礼祭中心寻找政治、宗教和心理的实力和支持,而他们会在荒野感到易被攻击、处于弱势或不安,因为那些祖先的保护力量不再聚焦于礼祭中心,其力量因距离而变得受制肘,而更加受到其他神灵因地形和他们社群所增加力量的挑战。

这个判断可以从一个醒目的事实中得到证实。当商王离开他的根据地时,他从不对他的祖先进行五个祭礼周期的占卜;[63]他离开根据地时,只有极少数例子有进行对祖先的"宾"祭占卜,如:

[156] 于未卜行贞：王宾岁亡尤·在师寮卜

他亦鲜有地指明受祭祖先的名字。[64] "宾"祭以外的其他祖先献祭亦偶尔地在商王离开其根据地时进行占卜,[65]但证据表明了祖先们

---

[63] 对于此规律,笔者没找到任何例外。当商王离开根据地,日期都是作为前辞的一部分常见于五个祭礼的卜辞当中(见页 42),却永不出现在命辞(Keightley 1994：23-25)中。这就是说,商王依然使用祭礼周期来记录日子(正如[54AB])。然而,商王并没有实际地在他所记录的日子下执行祭礼(见第 4 章,注 35)。

[64] 有关其他在外占卜而没指明受祭者的"宾"祭命辞,例子可见《合集》22606(《类纂》1320.2)＝《京津》3326(《综类》505.3);《合集》24275(《类纂》1161.2)＝《京津》3316(《综类》441.2);《合集》24308(《类纂》1161.2)＝《邺三》1.39.9(《综类》441.2)、《合集》22606(《类纂》1161.1)＝《邺三》1.33.8(《综类》441.3)、《合集》24305(《类纂》1161.2)＝《文录》275(《综类》441.2)、《合集》24252(《综类》1161.1)＝《文录》472(《类纂》441.3)。罕见例子见《遗珠》380(《综类》548.2)＝《通纂》别二 4.8(《综类》441.3),此例为于祭礼中心外进行有关宾祭祖先占卜的命辞,这里表明了祭礼中受祭者的名字,并出现了另一非常规的表现方式(笔者同意《遗珠》和《通纂》编者岛邦男的翻译,此提供一个在细节上的差别但对意思无大影响的例子):辛巳卜行贞：王宾父丁岁祭亡尤在师壬舟(?)(有关此卜辞中的地方名隶定为"舟",见《综览》no. 3948;此字不见于其他卜辞)。这非常规的例子,反映了两个日子的差异,在辛巳进行占卜,在丁日就对父丁进行宾祭;事实上,最接近丁日的当为丁亥日(第 24 日),由占卜当日起计 7 日之后。二期 B 卜辞中有很多非常规的宾祭都是提前很多日进行占卜。可以想见,商王可能是在他已回到他的根据地后计划进行祭礼。

[65] 例子见《合集》35607(《类纂》1120.2)＝《后编》1.5.2(《综类》431.2);《合集》22760(《类纂》1161.1)＝《文录》338(《综类》441.3);《合集》35913(《类纂》1165.2)＝《前编》2.16.2(《综类》443.2);《合集》22904(《类纂》1320.2)＝《诚斋》15(《综类》505.3);《合集》24348(《类纂》1321.2)＝《粹编》300(《综类》505.3);《合集》32677(《类纂》1322.1)＝《宁沪》1.346(《类纂》505.4)。

本身很少会冒险地受"宾"祭。只是商王关心着他的出行时的安全，故此，如果在敌对部落的地方进行献祭，都会被认为祖先处于危险之中。

这些宗教性的审慎，配合实际的考虑例如由敌对部落和凶残野兽攻击引发的安全问题，食物供应的不稳定，临时住处带来的不适应以及接触各元素的感觉，都必然有相对的宇宙美学于其中。

殷商对美的准则包含了对称、图案、有序，如果商王经过未征服或不可预测的地方，都不太可能引发他在美学上的认同。令人怀疑的是，商王或其官员，除了出于对办公或宗族责任关心的本能反应之外，是否对个别的山峰或隐蔽的山谷有所注意，在公元前12世纪，这些地方的本土神灵和野兽都会因其美而被视为潜在的威胁。在东周的角度来说，除非有事前警告，一个未控制地区的人们很可能遇到各种恶毒的神灵和妖怪，[66]毫无疑问，商代也同样如此。[67]无论是占卜兆纹、祭礼日期、青铜纹饰、城镇发展、具有意义的安全、全面的控制以及吉兆都是在有序下进行；但自然的无序则标志性地站在相反一方。正如在时间和方位的例子中，殷商在很大程度上会欣赏着具有意义的景观，因此表现出一种态度，为周代留下影响广泛的遗产。[68]

---

[66]　《左传》宣公三年；Legge, tr., 1872：293；Watson, tr., 1989：82。

[67]　商周在这方面上远非独有。"对于一个罗马人而言，令人愉悦的景观标志必然是已经形成，这是人类留下其文明和丰硕的印记"（Schama 1995：81）。同样，Keith Thomas（1983：192-212）也认为，在日常生活中得到相当程度的舒适和安全之前，应用自然之美将不会得到发展。

[68]　正如侯思孟（Donald Holzman）总结性地提出，早期中国的文学中，"没有将'自己'视为一种值得表达的审美经验"。例如《诗经·崧高》，崇山大岳都被视为很值得拜祭。这宗教观有别于地中海地区世界：在《旧约》，献祭是在山，而非向山，在古希腊，诸神是住在近天堂的奥林匹斯山，但却是向神献祭而非向山。地中海地区文明与中国文明最基本不同之处是，前者是趋向"超验主义"（transcendentalism），后者是"内在主义"（immanentism）；也就是，前者视诸神是居于世界之外，后者却是在世界之内。在《论语》和《庄子》的篇章中，都有谈到景观带来的愉悦，在诗歌中对景观的一般态度是在东汉末才开始改变（Holzman 1996：25、27、28-30、54）。

　　殷商对自然讲究务实的宗教观表明了美丽的土地本来就是有序的，树木和丛林得到清理，横梁木围绕土地而使之得到保护，还有一些其宗庙就在附近的友善神灵也保护着土地，有序的土地还包括可以在此地耕种；商王的谷田有着丰盛的收获，故此没有自然的景象能让他迁徙。[69] 商王对自然景观的态度并非简单的泛神论，不是在那地方遇到神灵而对他尊敬或敬畏；而应该是以人类为本(页97)和务实的。这个世界充满了神圣力量，殷商的生存取决于控制、哄骗和互相竞争，努力地诠释、命令和支配宗教力量。考虑到这时期华北的气候、动物和人类的角色，对这些宗教力量不加欣赏或顺从就等于灭绝。在政治和军事、宗教和代表性东西上显示的支配地位和用之的谨慎，都赋予着王朝存在的角色。商王占卜如此之多的原因之一就是他的确有很多事需要靠占卜完成。

---

　　[69]　参考后世文献《诗经·正月》："瞻彼阪田，有菀其特。"(Karlgren 1950：136)

第八章 宇宙学和遗产：
殷商之"风"

　　商王居于世界之中，不论是土地、他的出行、风雨云、神灵的控制，又或者是一切表现出来的东西，其方位显示的种种现象均具象征性意义。小屯，商王经常进行占卜的地方，亦是在甲骨上记录了大量礼仪活动的祭礼中心，这处有着很多表现和加强商王廷宣称其知识和合法统治的大量活动。这处是驾崩商王的葬区，这些驾崩的商王精神上协助着在位商王以祭礼和在甲骨上的兆纹来问吉凶。这处是商王廷优秀青铜制造业所在的地方，这里生产着耀眼的礼器，用以让商王在他的土地上联系接受祭礼的祖先们和其他神灵。这处还生产闪亮的武器和战车，好让商王在他的大地上出行时展示其威严。① 这处是商王的下属，如贞人们、雕刻师、文献记录人，把手稿用文字纯熟地记录下来的地方，他们把晚商文明的优秀和其深厚的历史记录下来。商王望着华北平原，代代相传的宗族血脉、其聚居地的中心、其"土"和"方"的中心，观察着、预测着和记录着众多方位性现象，自然

---

　　① 有关商代青铜器生产工业的规模，见 Franklin 1983：285 - 289。有关商战车上使用青铜器、使用于狩猎和只用作祭礼时陈列的用具，可见 Barbieri-Low 1997：28 - 29、32 - 34。

与超自然的，都是晚商宇宙观中时间和空间的结构网。这结构网是建立在多方面，包括四方的方位之上、天气的季节性转变、日月星辰的转动，以及在循环不息的干支系统和十日一旬的周期上，这些神圣性的周期是由一众商族祖先按其象征性的日子和太阳有序的出现而参与的。在这个结构网内，商王及其贞人们透过占卜、祭礼、献祭去理解、预测和控制其子民、动物和其王畿内一切发生的事情，这些都是商王所关心的。

　　在公元前二千纪后期的中国，小屯及其附近地方并非唯一青铜时代的中心。还有其他的地方，如渭河河谷的周原、山西中西部石楼、山东的苏埠屯、湖南的宁乡、江西的新干、四川的三星堆等等。② 这些地方很可能是商的附庸国；其他的地方，亦有精致的本地青铜铸件和宗教礼仪，这说明这些地方可能仿效殷商的礼仪；而其他的地方则有可能对殷商一无所知。虽然，这些青铜中心互相很多文化上的互动，③但是殷商的宇宙观并不一定是这时期中国唯一的宇宙观。殷商对时间、空间和社群的观念，在现在看来已是一殊荣，因为殷商贞人们产生了很大量的文字材料；这些都有助于把殷商提升到统一发展下正统传统的第一位，以及激励我们去探索殷商与后世之间的文化联系（Bagley 1999：181－182、231）。然而，汉宣帝（公元前73-前49）的官员王吉哀叹着汉代的景观为"百里不同风，千里不同俗，户异政，人殊服"（班固 1962，卷 72：3063），那样，在一千二百年前左右的殷商景观也可合理地假定为

　　② 有关石楼，见第五章，注 28；有关苏埠屯，见 Bagley 1999：219－221；有关新干，见 Bagley 1993、1999：171－175，詹开逊 1994；有关三星堆，见 Bagley 1988、1990、1999：212－219，Sage 1991：16－28，Zhao Dianzeng 1996。张光直（Kwang-chih Chang 1986）为以上和其他地方提供基本介绍；有关这些地方的青铜工艺品，也见 Wen Fong 1980 的索引。

　　③ 在晚商中国各省的文化互动，见中国社会科学院考古研究所 1994：451－465。

在文化上具多样性。④ 这很值得回想华北平原上的殷商,殷商就是众多地方景观下的"第一人"(*primus inter pares*)(Keightley 1983;Itō 1996:1:88;Bagley 1999:124‐126、229‐231)。事实上,他们不断重复地在有关战役的占卜上要求协助可见,⑤商人视他们与华北平原上的新兴方国的冲突不是单单军事上的对抗,更有宗教(伊藤道治 1961:273‐274)的内涵,甚至是一切有关认知的事。

晚商贞人们的象征性世界是复杂和极富争议的,不过有关其他地区传统信仰系统的文字证据却不足。在渭河河谷的周族先驱,以他们当地和位于他们南边的秦岭山脉的天气模式,已可大概发展出与殷商小屯不同的宇宙观,殷商看的是他们西边太行山脉的天气模式(页 2)。征服战争后,由商的最高神"帝"转到周的最高神"天",这种转换说明了某程度上,商的宗教及宇宙观的元素可能在公元前 11 世纪中叶因为西边的诸王推翻中原诸王而出现相似的转变。

正如宇宙观会因不同地方而改变,商人不同的社会层级也有所不同。有关非精英信仰系统的证据,是不容易找到的。正如学者们研究台湾的宗派主义时指出:

> 在神圣地域上的生活,民间宗教系统是充满预兆和神迹的,生活在此的人民同时扮演观众和巫师的专业角色。毫不意外地,某些人会比其他人对这些事更感兴趣,某些人又会比

---

④　高岛谦一和余蔼芹(Takashima and Yue 2000)提供了语言学上的证据表明这假设。王吉之言肯定是具偏见的,是对现任政府的批评,并呼吁儒家政府去实现一个理想化和文化性的统一景观。但是,笔者认为他的描述实际上存在些偏见,在他对早期历史回顾时,很容易找到一些虚构的元素。

⑤　可参考大量有关"给予协助"和"帝给予我们协助"(帝受我又)的命辞。见《类纂》1215.2‐1219.1、420.2‐421.1,《综类》463.2‐4、157.4。

> 其他人对这些事更深信不疑……甚至一些热衷的参与者也不会在这些项目的各方面找到相等的兴趣和深信不疑（Jordan and Overmyer 1986：270 - 271）。

的确，由于社会地位和个人气质的不同，晚商社会个别成员对前几章所描述的宇宙观的认同程度将有很大的不同。然而，真实是，晚商资料的本质都侧重于对祖先祭礼的占卜和礼仪的卜辞，与群体的经验相比，这些资料无法让我们理解个人的情况（参考 Jordan and Overmyer 1986：7）。我们只能允许这样一种可能性，就是即使在商廷，甚至远离祭礼中心的社会和地理的环境，其信仰的差异也可能是相当大的。

　　无论如何，晚商精英们所记录有关"正统"世界观的文化遗产中的某些元素是很深刻的。他们所做文化性选择的影响是可以确定的，例如，在文字系统的发展中，商王联系神灵的占卜性文献，都为晚商不断增加其复杂性的操作做了保存记录的工作；把宗教正当化、祖先等级制度和丧葬习俗的发展，都是对持续社会结构的组成有意义性的贡献；建立一个无差异的社会政治联系，使之深深植根于语言和宗族实践之中；由精英控制着的原始官僚主义和劳工系统的诞生；礼仪秩序中持续的信仰所产生的功效；形而上学的接受，使之容许把世界看待成在好与坏的力量之间取得平衡和世界中有中央和四方组成的宇宙结构；通过外部地区让商廷或殷商进步的持续重要性；对占卜、合时性和吉凶的普遍关注。⑥

---

　　⑥　有关这些遗产的性质和范围，例如殷商和西周宗教信仰及其实践的相似性，见 K. C. Chang 1976b，尤其是页 190 - 193；有关文字系统及原始官僚主义国家的操作，见 Keightley 1969：340 - 355，1978a，1984：20 - 26，1988；有关世袭制政府，见 Wheatley 1971：56 - 61，裘锡圭 1983a：25，注 29；有关殷商的进步，见 Xiao Tong 1982：153 - 157；有关殷商形而上学，见 Keightley 1988；有关殷商宇宙观及其遗产，见 Allan 1991，Pankenier 1995：140；有关周人与殷商在占卜上少许的差异，见 Seiwert 1980。

与殷商一样，周朝的地方依然有很多由天气产生的神灵：

> 山林川谷丘陵能出云为风雨见怪物，皆曰神。(《礼记·祭法》)

至于日子，一日之中的时间、这些时间中的质量，这都是殷商丰富的遗产，东周的政治思想家已尝试将这些时间类的东西联系到政治上。例如，在公元前537年的一位鲁国的占卜师所说：

> 日之数十故有十时亦当十位，自王以下其二为公其三为卿，日上其中，食日为二，旦日为三。⑦

至于占卜的角色，鲁惟一就有以下总结："从大量文献证据可知，占卜和在甲骨中向神灵的问卜在秦汉生活中所起的作用比以往任何时候都大。"⑧这进一步确认了殷商以其文化实践延续着它的遗产。再者，最近出土的战国时期竹简，亦表明了周的占卜习惯与商的甲骨卜辞有着相似性，或可能由殷商发展而来。⑨在《史记·日者传》中的预言家"日者"，⑩再次确认了殷商占卜吉凶日子的文化得以延续。

风的重要性(见[3AB]、[4]、[5]、[15]、[42]、[90C-F]、[91A-D]、[130])，仅体现殷商遗产的一方面，并继续吸引着中国精英

---

⑦　《左传》昭公五年；Legge, tr., 1872：604，译文曾修改；杨伯峻1981：1264。笔者读过一些版本为"王以下"而不是"王已下"。这可能说明殷商已经使用"食日"和"旦"([20B]、[21AB])这些出现在《左传》中的时间短语(例子可见宋镇豪1985：312,332和第3章，注9)。

⑧　Loewe 1994：214。连劭名(1997)论述占卜用的历书或日书都是商贞人们所使用的。有关睡虎地出土公元前3世纪后半叶的历书中对吉凶日子的关注，其象征性意义，见 Kalinowski 1986；Yates 1995：339-342,1997：521-526；Harper 1997：243,1999：825,832。然而，需要指出的是，在东周后期一般都是使用十二地支而非商贞人们使用的十天干。

⑨　例子可见 Li Ling 1990：72、75-76；李学勤1992：196。

⑩　这章的英文翻译见 Watson, tr., 1993：2：425-431。有关"日者"的使用，见前文第6章注34。

们。殷商赋予了各方位"方"的名并使它们的风在后世传统中存在。⑪ 在《尚书·金縢》，一个强大风暴吹倒农作物，并表达上天的不满和警告年幼的成王要学习周公的德行；后来风再次使农作物收成，他的德行再得到认可。在《尚书·洪范》，恒常性的风比喻愚蠢（Legge, tr., 1865：359－360,341）。《诗经》中的几首诗歌，风都是作为隐喻的主题，并对风的出现相当关注："终风且暴"、"凯风自南"、"习习谷风"、"以阴以雨"。⑫ 当然，风持续影响着人们（页3－4），并是文学的共同主题。是故宋玉（公元前三世纪）在他的《风赋》中写道：

> 飘忽淜滂，激飏熛怒。耾耾雷声，回穴错迕。蹶石伐木，梢杀林莽。（Xiao Tong 1996：9）

《诗经》"国风"（理雅各译成"国家中的课堂"）⑬中所使用的"风"，说明了：

> 风的原本意义在当时可理解成在语义上的"主流模式"，或该土地上"气氛"的扩展意识，这意义保存至今天中文里的"风俗"一词。⑭

因此，本章标题所示殷商之"风"，既指真正的风，亦是殷商的气氛

---

⑪ 见李学勤1985、连劭名1988、冯时1994：138－148和郑杰祥1994。根据早期的研究，学者们均试图以语音和语义去说明后世出现在如《尚书·尧典》、《山海经·大荒东经》等文献中所使用的名字，均是殷商使用的名字版本。李学勤（1985：100）总结在北方中提到的不同名字（在甲骨卜辞中，[90C]和[91D]的伏），均有"藏"的意思，这是在冬季对农民很合适的字眼。马纬（Major 1979：67，表1）提供了一个很有用的表，展示在多种早期文献中的风名。

⑫ Karlgren 1950：18、20、22。

⑬ 理雅各的这个翻译，是通过对"风"在《诗经·大序》中的讨论而得到确认，例如"上以风化下，下以风刺上"（Legge, tr., 1978[按：原书之误，参考文献中无]，"前言"35）。而《小序》中，"风"等同"教"（页37）。

⑭ Gibbs 1972：287－288。我们可同样联想到"风味"一词。前文页110提到的西汉的王吉，亦以"风"表示风俗之意。

和习惯。

孔子对风的意义并非毫不关心，"迅雷风烈必变"；他亦会将统治者与人民的关系比喻成风和草，"君子之德风，小人之德草。草上之风必偃"。[15] 在甲骨文中对方位风的应用，到了汉代已得到广泛的发展，[16]例如，王充（公元 27 - 97）就曾声称：

> 以风占贵贱者，风从王相乡来则贵，从囚死地来则贱……风至而籴谷之人贵贱其价，天气动怪人物者也。

他的篇章中很多用词都令人会联想到殷商甲骨卜辞中对四方和各方位意义的关注：

> 天官之书以正月朝占四方之风，风从南方来者旱，从北方来者湛，东方来者为疫，西方来者为兵。太史公实道言以风占水旱兵疫者，人物吉凶统于天也。[17]

在中医理论中，风亦可让人担心：

> 在中医经典中曾警告，在世界中有几个东西，比起风更加危险。风能使人发冷和头痛，呕吐和抽筋，头晕和麻痹，丧失说话能力，这些只是最初的病征。"伤风"，即病人发烧；"中风"，即病人突然昏迷。风能引起疯狂和杀戮。虽然今天我们不会再去责备风引起的疾病，但是中医都视风几乎破坏所有东西。《黄帝内经》就称"风能引起百种疾病"。(Kuriyama 1994：23)

栗山茂久把风和方位联系起来：

---

⑮　《论语》10.16(10：18)，12.19；Brooks and Brooks, trs., 1998：64、94。

⑯　Loewe 1988；1994：67、80、191 - 213。叶山（Yates 1994：104、133 - 134）提供了在山东南部银雀山西汉墓葬中出土的木简中有关风的记载的翻译（有些零碎）。

⑰　Forke, tr., 1907：1；111。可参考《史记·天官书》（司马迁 1959：1340）。太史公所言的实是汉代预言家魏鲜的预测，事实上，他列举了八个方位的风并提出有别于王充所说的预言。

　　　　既不强加于欧几里德空间(Euclidean space)的抽象联系，也
　　　没有强加于按太阳日循环所定义的指南针。四个基本方位代
　　　表了宇宙各处的根本个性，具有独特力量的独特居所。风就是
　　　对这动态和神圣空间的最根本表达。(Kuriyama 1994：23)

他亦举一个很好的例子说明风会自我转变："风会预见转变、引起
转变、证明着转变，一切都是转变。"这种后来的信仰在殷商时期也
不会感到陌生。

　　殷商对各方位风的关注(页3-4,60-63,115)，直接影响了东
周和汉有关气的观点。[18]《淮南子》有"天之偏气怒者为风"(《天文
训》；Major 1993：65)，王充亦言"夫风者气也，论者以为天地之号
令也"(Forke, tr.，1907：2：173)。

　　殷商气氛、实践、习惯的遗产，可能需要另一本专著去介绍。
而有关这些遗产的研究，显然不可能只有观察，有价值的是，周汉
两朝都已经在殷商的基础上建立某些观念和信仰。这研究也必定
包含殷商文化独特侧面的判断，毫无疑问，这些文化由部分殷商的
残党传承下去，并由胜利的周人领袖于其东部要地洛邑及其他地
方所继承、[19]保留和发展着。一些遗产，残存在不同于殷商世界秩

----

　　⑱　有关殷商的风与气的联系，见胡厚宣 1956：63；赤冢忠 1977：433-434、441-
442(Keightley 1982：291、301)；冯时 1994：134；Kuriyama 1994：34。林巳奈夫(1989)
曾讨论过在新石器和青铜时代对气的关注。在《左传》昭公元年，一位医生将风和雨列
为天的六气之中(Legge, tr.，1872：580-581；有关篇章的讨论亦可见 Libbrecht 1990：
55-57)。

　　⑲　有关殷商文化影响到周的考古证据，包括一些如建筑风格、墓葬、陪葬品、青铜
器，见中国社会科学院考古研究所 1994：465-469。有关殷商残党，见 Keightley 1969：
37-38、169-170、318-322 中有关《左传》定公四年(Legge, tr.，1872：754)和《尚书·
召诰》、《尚书·康诰》(Legge, tr.，1865：381-398, 420-424)的讨论；顾立雅(Creel
1970：90-93)讨论文字上的证据；许倬云和林嘉琳(Hsu and Linduff 1988：116-119、
124)讨论考古上的证据。夏含夷(Shaughnessy 1991：167,注 15、168)列举证据，指出
殷商后代的文人在西周仍然扮演一定角色，例如"现存所有以'作册'为题的、个人铸成
的西周青铜器，都是献给具天干名的祖先"。

序的历史条件中，正如孔子言："周因于殷礼，所损益，可知也。"随着东周神圣系统化的日渐发展，很多殷商遗产也日渐消失或改变。新的意识形态和社会结构也很显著地由周代精英们基于殷商遗留的文化而发展出来。

的确，殷商占据了中国文化的主要始祖地位。像所有始祖一样，殷商传承了中国后世所有的好处和价值。亦像所有始祖一样，殷商自己创造的祖先，都负责重整和重塑着后裔在他们的利益上所找到的用处。商人帮助后来的中国人更中国化。但是，后来的中国人，透过对过去中国史的理想化版本，去建立他们想象出来的殷商，建立他们想象出来的殷商经典传统。这一章，一部分是延续这进程，审视殷商的遗产。然而，笔者希望在此前的章节中，也已经做了一些揭示商文化的东西，环境、地方景观和商人互相影响着，在他们占卜卜辞和宗教实践方面，在他们获得作为文化祖先的地位之前，他们都会感激一切。

很多当代商史学家，正如商的贞人们一样，试图为真正难以理解的现象赋予意义。因此，现在应是适当时候给武丁最后几句话：文字，是他在对自己祖先和神灵占卜时使用的东西；文字，亦能表达他在至少某些"命辞"上所言的希望：

　　[157] 王固曰：吉若

附　图

庙号

P1
上甲
↓
P2
报乙
↓
P3
报丙
↓
P4
报丁
↓
P5
示壬
↓
P6
示癸
↓
K1
大乙
↓
K2
大丁

K3　　　K4
大甲　　外丙

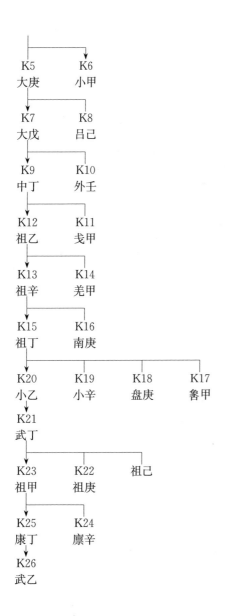

K5　　　K6
大庚　　小甲

K7　　　K8
大戊　　吕己

K9　　　K10
中丁　　外壬

K12　　　K11
祖乙　　戋甲

K13　　　K14
祖辛　　羌甲

K15　　　K16
祖丁　　南庚

K20　　K19　　K18　　K17
小乙　　小辛　　盘庚　　羣甲

K21
武丁

K23　　K22　　　祖己
祖甲　　祖庚

K25　　K24
康丁　　廪辛

K26
武乙

K27
文武丁
K28
帝乙
K29
帝辛

图1 晚商献祭卜辞中记录的殷商王谱

资料来源：吉德炜（Keightley 1978：185 - 187，204 - 209）曾指出在重建商王列表中会遇到的问题。P＝先公祖先；K＝商王。↓指父传子的嫡系，亦即大宗（见第七章，注5）。

图 2

在一期卜辞中所记载的超新星：[26] 七日己巳夕 **畄** [庚午] 出新大星并火

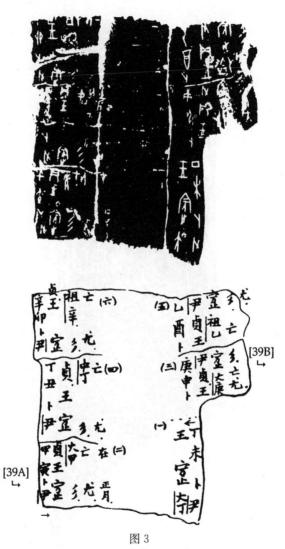

图 3

按祖先受祭者名字所属祭日而献祭的占卜：[39A]甲寅卜尹贞：王宾大甲肜亡尤；[39B]庚申卜尹贞：王宾大庚[肜]亡尤（拓片及释文来自《粹编》176）。

[42]
└→

图 4

这类命辞对下周吉凶与否的回应,完全可以在天气记录中看到:[42]癸亥卜贞:旬(亡祸)·乙丑夕雨·丁卯夕雨戊小采日雨风己明启(拓片选自《合集》21016)。

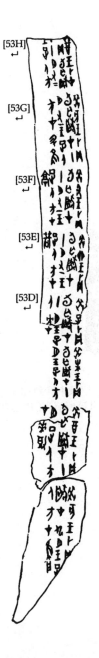

图 5

一系列的"十日"命辞记录了帝辛对人方的
战争：[53D][癸巳王卜贞:]旬亡[祸·
在]十月·[王正]人方；[53E]癸卯王卜
贞：旬亡祸·在十月又一·王正人方·在
商，[53F]癸丑王卜贞：旬亡祸·在十月又
一·王正人方·在亳；[53G]癸亥王卜贞：
旬亡祸·在十月又一·正王人方，在 ⊠；
[53H][癸]酉王卜在□贞：旬亡祸[在]
十月又二[王]正人方（绘自《缀新》312，亦
见 Keightley 1978，图 30）。

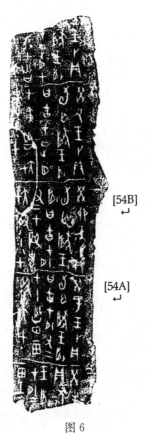

图 6

包含了五个祭礼周期日子的卜辞：[54A]癸巳王卜贞：旬亡祸·王固曰：
吉·在十月又二甲午耏日上甲祭大甲；[54B]癸卯王卜贞：旬亡祸·王固曰：
吉·在十月又二甲辰龢大甲祭小甲（拓片选自《合集》35530）。

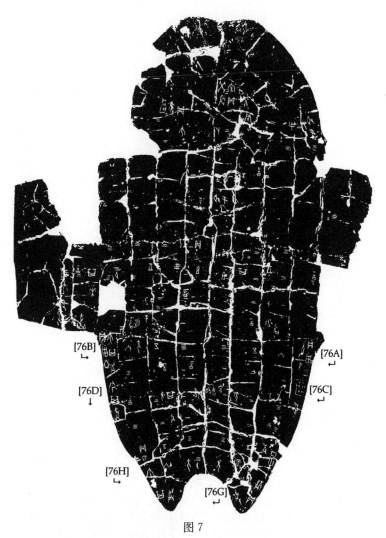

图 7

有关收成的对贞卜辞，特别提到指定地方——西土的收成：[76AB]西土受
年/西土不其受年；[76CD]箙受年/不其受；[76EF]姄受年/姄不其受年；
[76GH]Ⴒ受年/Ⴒ不其受年（拓片选自《丙编》332；此为缩印，原胸骨长 32.5
厘米）。

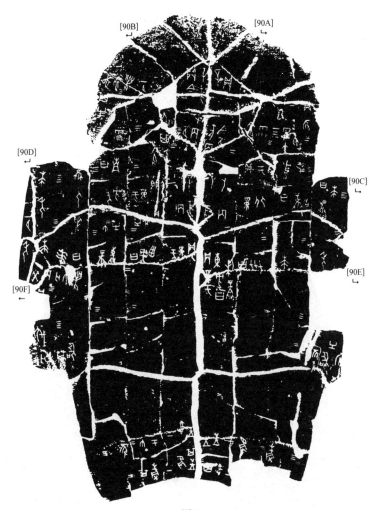

图 8

方和其风,以其名占卜:[90A]辛亥内贞:今一月帝令雨·四日甲寅夕[雨];
[90B]辛亥卜内贞:今一月[帝]不其令雨;[90C]辛亥卜内贞:禘于北方曰伏
风曰役(?)祷[年];[90D]辛亥卜内贞:禘于南方曰长风韩祷年·一月;[90E]
贞:禘于东方曰析风曰劦祷年;[90F]贞:禘于西方曰彝风曰韩祷年(拓片选
自《合集》14295;此为缩印,原胸骨长 25 厘米)。

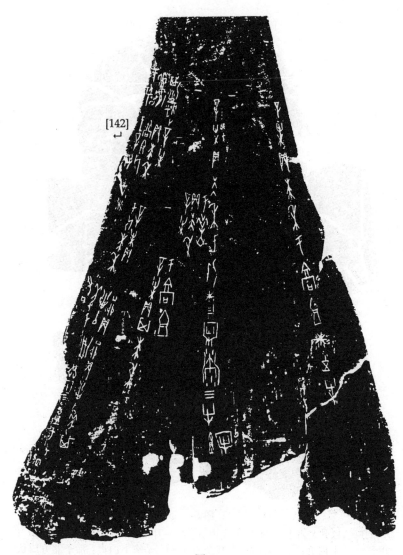

图 9

向商祖黄河祈求丰收：[142]辛未贞：祷禾高祖河于辛巳酚燎（拓片选自《合集》32028；此为缩印，原肩胛骨长 27 厘米）。

附　表

表 1　干 支 循 环

	甲	乙	丙	丁	戊	己	庚	辛	壬	癸
子	1		13		25		37		49	
丑		2		14		26		38		50
寅	51		3		15		27		39	
卯		52		4		16		28		40
辰	41		53		5		17		29	
巳		42		54		6		18		30
午	31		43		55		7		19	
未		32		44		56		8		20
申	21		33		45		57		9	
酉		22		34		46		58		10
戌	11		23		35		47		59	
亥		12		24		36		48		60

　　说明：每个由干支组合的日子数字都可以由本表最上横向所示的干与表左边纵向的支找到。例如，甲子是第 1 天，丁未是第 44 天，壬戌是第 59 天（笔者很感激倪德卫[David S. Nivison]建议以此表格的形式展示干支）。

表 2 向祖先献祭之五个祭礼周期日程表

日	甲	乙	丙	丁	戊	己	庚	辛	壬	癸
周										
1	贡典									
2	上甲 P1	报乙 P2	报丙 P3	报丁 P4					示壬 P5	示癸 P6
3		大乙 K1		大丁 K2						
4	大甲 K3		外丙 K4				大庚 K5			
5	小甲 K6				大戊 K7	吕己 K8				
6				中丁 K9					外壬 K10	
7	戋甲 K11	祖乙 K12						祖辛 K13		
8	羌甲 K14			祖丁 K15			南庚 K16			
9	戋甲 K17						盘庚 K18	小辛 K19		
10		小乙 K20		武丁 K21		祖己	祖庚 K22			
11	祖甲 K23			康丁 K25						
12		武乙 K26		文武丁 K27						

资料来源：《综类》556（亦见《类纂》1474）；常玉芝 1987：75、85 - 86。正如常玉芝所说，五个祭礼周期是在第五期黄组卜辞中记录，并结束于康丁时期；因此，第 12 周的重构只是一个设想。而并没有实际在位的祖己，其地位可见 Keightley 1978：208、注 ae。而周期中廪辛（K24）的缺席，见 Keightley 1978：187、注 h。

表3　向甲系祖先献祭的祭祭、祼祭和劦祭

旬	祭	祼	劦
1	祭贡典		
2	(P1) 祭上甲	(P2) 祼贡典	
3		(P1) 祼上甲	劦贡典
4	(K3) 祭大甲		(P1) 劦上甲
5	(K6) 祭小甲	(K3) 祼大甲	
6		(K6) 祼小甲	(K3) 劦大甲
7	(K11) 祭戔甲		(K6) 劦小甲
8	(K14) 祭羌甲	(K11) 祼戔甲	
9	(K17) 祭𦰩甲	(K14) 祼羌甲	(K11) 劦戔甲
10		(K17) 祼𦰩甲	(K14) 劦羌甲
11	(K23) 祭祖甲		(K17) 劦𦰩甲
12		(K23) 祼祖甲	
13			(K23) 劦祖甲

资料来源：常玉芝 1987：168。

索　引

卜辞引用索引（以卜辞编号为序）

［1］=《合集》28491（《类纂》1199.2）=《甲编》1604（《综类》456.2）

［2］=《合集》（《类纂》1032.1）=《续编》2.15.3（《综类》臼 388.1）

［3AB］=《合集》672 正（《类纂》659.1）=《乙编》2452 =《丙编》
117.20 -21（《综类》46.3）

［4］=《合集》14225（《类纂》419.2）=《遗珠》935（《综类》421.2）

［5］=《合集》14226（《类纂》419.2）

［6AB］=《合集》14227 =《续编》2.4.11（《综类》164.4）

［7AB］=《合集》14227 正（《类纂》460.1）

［8］=《合集》9500（《类纂》74.2）=《后编》2.28.16（《综类》27.1）

［9］=《合集》12（《类纂》226.2）=《前编》4.30.2（《综类》109.2）

［10AB］=《合集》34229（《类纂》467.1）=《人文》2370（《综类》83.2）

［11AB］=《合集》10124 正（《类纂》421.1）=《乙编》7456（《综类》
83.2）

［12AB］=《合集》33337（《类纂》683.2）=《粹编》11（《综类》83.2,
181.3）

［13］=《合集》24225（《类纂》695.2）=《文录》687（《综类》246.4）

[14]＝《合集》9627(《类纂》692.2)＝《佚存》525(《综类》246.3)

[15]＝《合集》29236(《类纂》215.1)＝《甲编》615(《综类》104.4)

[16]＝《合集》28520(《类纂》215.1)＝《续存》1.1737(《综类》104.4)

[17]＝《合集》28509(《类纂》215.2)＝《宁沪》1.358(《综类》105.2)

[18]＝《合集》20996(《类纂》510.2)

[19]＝《英藏》886 反(《类纂》1079.2)＝《库方》1595(《综类》402.4)

[20A－D]＝《屯南》42(《类纂》1067.1,局部)

[21]＝《屯南》624(《类纂》1067.1)

[22AB]＝《屯南》2666(《类纂》1067.1,局部)

[23]＝《合集》14002 反(《类纂》783.2)＝《乙编》7692＋7732(《综类》309.2)＝《丙编》248.7

[24]＝《合集》6572(《类纂》427.1)＝《缀合》178(《综类》160.1)

[25AB]＝《屯南》2615(《类纂》427.2,局部)

[26]＝《合集》11503 反(《类纂》433.1)＝《后编》2.9.1(《综类》28G8.4)

[27AB]＝《合集》12051＝《丙编》59.2(《综类》261.3)

[28]＝《英藏》2034＝《金璋》125(《综类》261.3)

[29]＝《合集》12814 正(《类纂》737.1)＝《粹编》1043(《综类》26.1)

[30]＝《合集》1732(《类纂》1134.1)＝《京津》709(《综类》261.4)

[31]＝《人文》748(《综类》261.4)

[32]＝《合集》24938(《类纂》758.2)＝《前编》3.33.7(《综类》261.4)

[33]＝《前编》3.31.3(《综类》261.4)

[34]＝《续编》4.43.8(《综类》261.4)

[35]＝《合集》11497 正(《类纂》1388.2)＝《乙编》6664＝《丙编》197.3

[36]＝《合集》903 正(《类纂》1405.1)＝《缀合》173(《综类》526.3)＝《丙编》197.3

［37］＝《合集》22863（《类纂》350.1）＝《后编》1.2.10（《综类》91.3）

［38］＝《合集》23004（《类纂》1409.1）＝《戬寿》5.4（《综类》127.3）

［39AB］＝《合集》22723（《类纂》1392.1，局部）＝《粹编》176.2－3
（《综类》492.4）

［40］＝《合集》14002 正（《类纂》783.2）＝《丙编》247.1（《综类》
309.2）

［41］＝《合集》13753（《类纂》687.2）＝《铁云》5.3（《综类》243.4）

［42］＝《合集》21016（《类纂》510.2）（＋《合集》21021）＝《缀合》78
（《综类》188.3）

［43］＝《合集》22630（《类纂》1374.2）＝《粹编》137（《综类》515.4）

［44］＝《合集》14732（《类纂》728.1）

［45AB］＝《合集》14138（《类纂》419.1）＝《乙编》3090（《综类》14.1）

［46］＝《合集》12636（《类纂》726.2）＝《续编》4.19.2（《综类》260.3）

［47］＝《合集》29995（《类纂》501.1）

［48］＝《合集》12628（《类纂》457.1）＝《拾掇》2.1＝《京津》1（《综类》
170.3）

［49］＝《合集》14128 正（《类纂》460.1）＝《乙编》6809（《综类》
171.2）＝《丙编》515.1

［50AB］＝《合集》116 正（《类纂》784.2）＝《乙编》1052（《综类》
282.2）

［51］＝《英藏》2523（《类纂》740.1）＝《金璋》493（《综类》265.3）＝
《合集》41756

［52］＝《合集》12509（《类纂》454.2）＝《续存》2.124（《综类》170.2）

［53D－H］＝《英藏》2524（《类纂》5.1）＝《金璋》584（《综类》4.1）＝
《合集》41753

［54AB］＝《合集》35530（《类纂》351.1）

［55］＝《合集》37838（《类纂》688.2）＝《续编》1.23.5（《综类》244.1）

[56]=《合集》35398(《类纂》1367.1)=《遗珠》244(《综类》513.1)

[57]=《合集》37867(《类纂》1367.2)=《前编》3.28.5=《合编》65
(《综类》513.1)

[58]=《合集》37849(《类纂》688.2)=《粹编》896(《综类》244.2)

[59]=《合集》37854(《类纂》688.2)=《前编》3.28.3(《综类》244.2)=
《通纂》594

[60]=《合集》6678(《类纂》116.2,残片)=《佚存》191(《综类》43.2)

[61AB]=《合集》7852 正(《类纂》117.1)=《缀合》312(＋《乙编》
6594)=《丙编》326(《综类》43.1)

[62AB]=《合集》14211 正(《类纂》420.1)

[63AB]=《合集》14209 正(《类纂》420.1)=《丙编》图版 66(《综
类》43.1)=《丙编》73

[64]=《英藏》1133=《金璋》496(《综类》157.3)=《合集》39912

[65AB]=《合集》6746(《类纂》365.2;420.1)

[66AB]=《合集》94 正反(《类纂》133.1)=《遗珠》620(《综类》
241.2)

[67AB]=《合集》776 正(《类纂》1225.1)=《丙编》203(《综类》
280.1)

[68]=《合集》28182(《类纂》487.1)

[69A－D]=《合集》14206 正(《类纂》767.2)

[70]=《合集》21091(《类纂》463.1)=《拾掇》2.405(《综类》172.3)

[71]=《合集》36975(《类纂》462.2)=《粹编》907(《综类》195.3)

[72]=《合集》9750A(《类纂》65.1)=《乙编》5584(《综类》23.2)

[73]=《合集》28231(《类纂》525.1)=《人文》1932(《综类》192.4)

[74]=《合集》33209(《类纂》353.2)=《人文》2363(《综类》92.4)

[75]=《合集》7084(《类纂》1091.1)=《粹编》249=《京津》685(《综
类》433.1)

[76A－H]＝《合集》9741（《类纂》389.2,996.1,190.1,851.2）＝《乙编》7009＝《丙编》332（《综类》434.4,372.1,142.3,315.2）

[77]＝《合集》7308（《类纂》462.3）＝《铁云》48.3（《综类》172.3,残片）

[78A－H]＝《合集》9774 正（《类纂》467.1）＝《缀合》248（《综类》174.1）

[79]＝《合集》780（《类纂》463.1）＝《前编》1.24.3（《综类》172.4）

[80]＝《合集》34088（《类纂》464.1）＝《后编》1.19.7（《综类》173.1）

[81AB]＝《合集》32301（《类纂》464.1）＝《摭续》3（《综类》173.1）

[82]＝《合集》6057 正（《类纂》1076.1－2）＝《精华》2（《综类》401.4）

[83]＝《英藏》581（《类纂》462.1）＝《库方》1599（《综类》171.4）＝《合集》39887

[84]＝《合集》6168（《类纂》270.1）＝《续编》1.10.3（《综类》1.2）

[85]＝《合集》6737（《类纂》864.1）＝《续编》5.14.4（《综类 458.4》）

[86]＝《合集》6733 反（《类纂》864.1）＝《人文》891 反（《综类》458.4）

[87]＝《屯南》1059（《类纂》1204.2）

[88]＝《合集》28244（《类纂》530.2）＝《南北》"明"425（《综类》195.1）

[89A－C]＝《合集》33244（《类纂》525.1）＝《佚存》956（《综类》192.4）

[90A－F]＝《合集》14295（《类纂》660.2），更完整的版本均见于《缀合》261（《类纂》233.4）和《丙编》216＋《京津》428

[91A－D]＝《合集》14294（《类纂》662.2）＝《拾掇》2.158（《综类》233.4）

[92]＝《英藏》1288（《类纂》511.2）＝《金璋》472＝《合集》40550

[93ABC]＝《合集》30173(《类纂》1145.2,1107.1)＝《邺三》38.4
(《综类》433.1,413.2)

[94AB]＝《合集》32012(《类纂》1120.1,局部)

[95]＝《合集》34155(《类纂》1120.1)＝《人文》2298(《综类》418.2)

[96]＝《合集》34157(《类纂》1120.1)＝《邺三》46.5(《综类》418.2)

[97]＝《合集》5662(《类纂》1119.2)＝《粹编》1311(《综类》418.2)

[98]＝《合集》34140(《类纂》1120.1)＝《南北》"明"45(《综类》
418.3)

[99ABC]＝《合集》30260(《类纂》1032.1)＝《人文》1994(《综类》
234.1)

[100]＝《合集》643C 正＝《缀合》95(《综类》433.4)

[101]＝《合集》9668 正＝《丙编》169.15(《综类》67.3)

[102]＝《合集》5063(《类纂》295.2)＝《续编》3.34.4(《综类》67.3)

[103A－D]＝《合集》5063(《类纂》296.1)＝《乙编》7576(《综类》
68.1)

[104AB]＝《合集》7772 正(《类纂》776.2,局部)＝《丙编》165.16－
17(《综类》279.3)

[105A－C]＝《合集》7795(《类纂》777.1,局部)＝《前编》2.1.3(《综
类》279.4)

[106A－C]＝《合集》7780 正(《类纂》776.2)＝《续编》3.13.1(《综
类》279.4)

[107A－D]＝《合集》32035(《类纂》43.2)＝《甲编》896(《综类》
15.3)

[108]＝《合集》36494(《类纂》72.1)＝《前编》2.16.6(《综类》26.1)

[109]＝《英藏》2564(《类纂》938.1)＝《合集》41762＝《金璋》574
(《综类》232.2)

[110AB]＝《合集》36501(《类纂》285.1)＝《续编》3.28.5(《综类》

62.3)

[111]=《合集》36546(《类纂》778.1)=《遗珠》418(《综类》217.4)

[112]=《合集》5566(《类纂》289.1)=《缀合》23＋(《合编》23 误引自《综类》440.3)=《甲编》1769＋①=《甲图》072

[113]=《合集》20650(《类纂》1123.1)=《前编》8.10.3(《综类》280.3)

[114ABC]=《合集》13357(《类纂》662.1)=《簠殷》"天"10(《综类》31.4)

[115]=《合集》14315 正(《类纂》978.2)=《缀合》278(《综类》364.4)=《丙编》221.3

[116]=《合集》9572(《类纂》1172.1)=《续存》2.166(《综类》445.2)

[117AB]=《合集》14395 正(《类纂》1108.2)=《乙编》4733(《综类》413.3)

[118]=《合集》14328 正(《类纂》390.1)=《乙编》2282(《综类》435.2)

[119]=《合集》14329 正(《类纂》390.1)=《乙编》7061(《综类》435.1)

[120]=《合集》30459(《类纂》175.2)=《甲编》753(《综类》413.3)

[121]=《合集》33422(《类纂》1148.1)=《南北》"明"732(《综类》434.1)

[122]=《合集》6928 正(《类纂》390.2)=《丙编》307.5(《综类》435.2)

[123]=《合集》13570(《类纂》765.2)=《前编》4.15.1(《综类》271.4)

[124]=《合集》7092(《类纂》1108.1)=《粹编》1179(《综类》413.3)

---

① 译者按："＋"是指缀合,所引甲骨与其他甲骨缀合。

[125A－E]＝《合集》12870AB(《类纂》65.1,392.1,1108.1,1147.1)＝
　《叕存》37(《综类》435.3)

[126]＝《合集》10405 反(《类纂》1147.1)＝《菁华》4(《综类》433.4)

[127]＝《铁云》172.3(《综类》164.4)

[128]＝《合集》6798(《类纂》1108.1)＝《粹编》801(《综类》413.3)

[129]＝《合集》13444(《类纂》357.2)＝《前编》7.7.1(《综类》435.4)

[130]＝《合集》21021(《类纂》510.2)(＋《合集》21016)＝《缀合》78
　(《综类》413.3,433.4,188.3)

[131A－E]＝《屯南》1126

[132]＝《合集》32385(《类纂》1361.1)＝《缀合》29(《综类》215.3)
　(＝《甲编》2282＋《佚存》256＝《甲图》87)

[133]＝《合集》13626(《类纂》205.1)

[134]＝《合集》33016(《类纂》958.1)＝《甲编》810(《综类》357.1)

[135]＝《合集》33347(《类纂》254.1)＝《粹编》148(《综类》123.2)

[136]＝《屯南》2707(《类纂》249.2)

[137AB]＝《合集》776 正(《类纂》1186.1)＝《乙编》5265＝《丙编》
　203.1－2(《综类》450.4)

[138]＝《合集》201 正(《类纂》1187.2)＝《缀合》286(《综类》451.1)

[139]＝《合集》17380(《类纂》967.2)＝《铁云》113.4(《综类》360.2)

[140]＝《合集》13646 正(《类纂》1177.2)＝《乙编》4511(《综类》
　447.2)

[141]＝《合集》7287 臼(《类纂》190.1)

[142]＝《合集》32028(《类纂》745.1,残片)＝《摭续》2＝《拾掇》
　1.550＝宁沪 1.119(《综类》192.2)

[143]＝《屯南》1116(《类纂》492.1)

[144]＝《合集》26919(《类纂》44.2)＝《人文》1889(《综类》16.1)

[145]＝《合集》10408 正(《类纂》473.2)＝《缀合》194(《综类》

176.2）＝《丙编》102.1－2

［146AB］＝《合集》27926（《类纂》60.2）＝《粹编》925（《综类》217.2）

［147］＝《合集》5775 正（《类纂》624.2）＝《丙编》pl.76（《综类》221.3）＝《丙编》83.15

［148］＝《合集》10976 正（《类纂》606.2）＝《乙编》5329（《综类》164.3）

［149］＝《合集》10076（《类纂》530.1）＝《前编》7.5.2（《综类》194.3）

［150AB］＝《英藏》2593（《类纂》484.2）＝《金璋》377（《综类》180.1）＝《合集》41867

［151AB］＝《合集》7854 正（《类纂》487.1）＝《续编》4.28.4（《综类》181.1）

［152］＝《合集》5522 正（《类纂》585.1）＝《粹编》1.50.6（《综类》1.3）

［153］＝《合集》5521（《类纂》2.2）＝《前编》1.50.6（《综类》1.3）

［154］＝《合集》5158B（《类纂》658.1）

［155AB］＝《合集》28027（《类纂》754.2）＝《粹编》4（《综类》270.4）

［156］＝《合集》24272（《类纂》1321.1）＝《佚存》395（《综类》505.3）

［157］＝《合集》376 正（《类纂》133.1）＝《乙编》1905＝《丙编》96（《综类》48.2）

书籍引用卜辞索引

《合集》7287 臼＝[141]

《合集》7308＝[77]

《合集》7772 正＝[104AB]

《合集》7708 正＝[106ABC]

《合集》7795＝[105ABC]

《合集》7852 正＝[61AB]

《合集》7854 正＝[151AB]

《合集》7942＝[103A‐D]

《合集》9500＝[8]

《合集》9572＝[116]

《合集》9627＝[14]

《合集》9668 正＝[101]

《合集》9741＝[76A‐H]

《合集》9750 A＝[72]

《合集》9774 正＝[78A‐H]

《合集》10076＝[149]

《合集》10124 正＝[11AB]

《合集》10405 反＝[126]

《合集》10408 正＝[145]

《合集》10976 正＝[148]

《合集》11497 正＝[35]

《合集》11503 反＝[26]

《合集》12051＝[27AB]

《合集》12509＝[52]

《合集》12628＝[48]

《合集》12636＝[46]

《合集》12814 正＝[29]

《合集》12870AB＝[125A‐E]

《合集》13357＝[114ABC]

《合集》13444＝[129]

《合集》13570＝[123]

《合集》13626＝[133]

《合集》13646 正＝[140]

《合集》13753＝[41]

《合集》14002 正＝[40]

《合集》14002 反＝[23]

《合集》14127 正＝[7AB]

《合集》14128 正＝[49]

《合集》14138＝[45AB]

《合集》14206 正＝[69A‐D]

《合集》14209 正＝[63AB]

《合集》14211 正＝[62AB]

《合集》14225＝[4]

《合集》14226＝[5]

《合集》14227＝[6AB]

《合集》14294＝[91A‐D]

《合集》14295＝[90A‐F]

《合集》14315 正＝[115]

《合集》14328 正＝[118]

《合集》14329 正＝[119]

《合集》14395 正＝[117AB]

《合集》14732＝[44]

《合集》17380＝[139]

《合集》20966＝[18]

《合集》40610 反＝[19]

《合集》41753＝[53D－H]

《合集》41756＝[51]

《合集》41762＝[109]

《合集》41867＝[150]

《后编》1.2.10＝[37]

《后编》1.19.7＝[80]

《后编》2.9.1＝[26]

《后编》2.28.16＝[8]

《甲编》615＝[15]

《甲编》753＝[120]

《甲编》810＝[134]

《甲编》896＝[107A－D]

《甲编》1604＝[1]

《甲编》1769＋＝[112]

《甲编》2282 ＋＝[132]

《戬寿》5.4＝[38]

《甲图》072＝[112]

《甲图》087＝[132]

《人文》748＝[31]

《人文》891 反＝[86]

《人文》1889＝[144]

《人文》1932＝[73]

《人文》2298＝[95]

《人文》2363＝[74]

《人文》2370＝[10AB]

《人文》1994＝[99ABC]

《菁华》2＝[82]

《菁华》4＝[126]

《津薪》1＝[48]

《津薪》428＋＝[90A－F]

《津薪》685＝[75]

《津薪》709＝[30]

《金璋》125＝[28]

《金璋》377＝[150]

《金璋》472＝[92]

《金璋》493＝[51]

《金璋》496＝[64]

《金璋》574＝[109]

《金璋》584＝[53D－H]

《库方》1595＝[19]

《库方》1599＝[83]

《南北》"明"45＝[98]

《南北》"明"425＝[88]

《南北》"明"732＝[121]

《宁沪》1.119＝[142]

《宁沪》1.358＝[17]

《前编》1.24.3＝[79]

《前编》1.50.6＝[153]

《前编》2.1.3＝[105ABC]

《前编》2.16.6＝[108]

《前编》3.28.3＝[59]

《前编》3.28.5＝[57]

《前编》3.31.3＝[33]

《乙编》7456＝[11AB]　　　　《英藏》2593＝[50AB]

《乙编》7576＝[103A－D]　　《遗珠》244＝[56]

《乙编》7692＋＝[23]　　　　《遗珠》418＝[111]

《乙编》7732＋＝[23]　　　　《遗珠》620＝[66AB]

《乙编》7811＝[101]　　　　　《遗珠》935＝[14]

《佚存》123＝[141]　　　　　　《撷续》2＝[142]

《佚存》191＝[60]　　　　　　　《撷续》3＝[81AB]

《佚存》526＋＝[132]　　　　　《缀合》23＋＝[112]

《佚存》395＝[156]　　　　　　《缀合》29＝[132]

《佚存》525＝[14]　　　　　　　《缀合》78＝[42],[130]

《佚存》956＝[89A－C]　　　　《缀合》95＝[100]

《英藏》581＝[83]　　　　　　　《缀合》178＝[24]

《英藏》886 反＝[19]　　　　　《缀合》194＝[145]

《英藏》1133＝[64]　　　　　　《缀合》248＝[78A－H]

《英藏》1288＝[92]　　　　　　《缀合》261＋＝[90A－F]

《英藏》2034＝[28]　　　　　　《缀合》278＝[115]

《英藏》2523＝[51]　　　　　　《缀合》286＝[138]

《英藏》2524＝[53D－H]　　　《缀合》312＝[61AB]

《英藏》2564＝[109]　　　　　　《叕存》37＝[125A－E]

参考文献

引用甲骨卜辞书目

US Chou, Hung-hsiang（周鸿翔）, *Oracle Bone Collections in the United States*. University of California Publications: Occasional Papers Number 10: Archaeology. Berkeley and Los Angeles: University of California Press, 1976（周氏以"USB"指刻于甲骨上的卜辞；以"USS"指刻于龟壳上的卜辞）.

White Hsü Chin-hsiung（许进雄）, *Oracle Bones from the White and Other Collections*. Toronto: Royal Ontario Museum, 1979.

《丙编》 张秉权：《小屯第二本：殷虚文字：丙编》,台北：中研院历史语言研究所,卷 1,第一部分,1957；第二部分,1959。卷 2,第一部分,1962；第二部分,1965。卷 3,第一部分,1967；第二部分,1972。

《卜辞》 容庚、瞿润缗：《殷契卜辞》,北平：哈佛燕京学社,1933；《燕京大学藏殷契卜辞》,台北：艺文印书馆,1970 再版。

《诚斋》 孙海波：《诚斋殷虚文字》,北京：修文堂,1940。

《粹编》 郭沫若：《殷契粹编》，东京：文求堂，1937；北京：科学出版社，1965 再版；台北：大通书局，1971 重印。

《簠殷》 王襄：《簠室殷契征文》，天津：天津博物院，1925。

《龟甲》 林泰辅：《龟甲兽骨文字》，商周遗文会，1921；台北：艺文印书馆，1970 重印。

《合编》 曾毅公：《甲骨缀合编》，修文堂，1950。

《合集》 郭沫若、胡厚宣主编：《甲骨文合集》13 卷，北京：中华书局，1978 – 1982。

《后编》 罗振玉：《殷虚书契后编》，1916；后在台北重印。

《甲编》 董作宾：《小屯第二本：殷虚文字：甲编》，南京：中研院历史语言研究所，1948；台北，1976 重印。

《甲图》 屈万里：《小屯第二本：殷虚文字：甲编考释》，台北：中研院历史语言研究所，1961，图版。

《戬寿》 姬佛陀：《戬寿堂所藏殷虚文字》，上海：圣仓明智大学，1917；后在台北重印。

《金璋》 方法敛（Frank H. Chalfant）、白瑞华（Roswell S. Britton）：《金璋所藏甲骨卜辞》，纽约，1939；台北：艺文印书馆，1966 重印。

《京津》 胡厚宣：《战后京津新获甲骨集》，上海：群联出版社，1954。

《菁华》 罗振玉：《殷虚书契菁华》，1914。

《库方》 方法敛（Frank H. Chalfant）、白瑞华（Roswell S. Britton）：《库方二氏所藏甲骨卜辞》，上海：商务印书馆，1935；台北：艺文印书馆，1966 重印。

《类纂》 姚孝遂、肖丁编：《殷墟甲骨刻辞类纂》3 卷，北京：中华书局，1989。

《南北》 胡厚宣：《战后南北所见甲骨录》，上海：来薰阁，1951。

《宁沪》　胡厚宣：《战后宁沪新获甲骨集》，北京，1951。

《前编》　罗振玉：《殷虚书契前编》，1913；上海，1932 重印；台北：艺文印书馆。

《人文》　贝冢茂树：《京都大学人文科学研究所藏甲骨文字·图版·文本编》，京都：京都大学人文科学研究所，1959（贝冢茂树、伊藤道治：《甲骨文字研究·图版·文本编》，京都：同朋舍，1980 重印）。

《拾掇》　郭若愚：《殷契拾掇》，卷 1，上海：上海出版公司，1951；卷 2，北京，1953。

《铁遗》　叶玉森：《铁云藏龟拾遗》，1925。

《铁云》　刘鹗：《铁云藏龟》，1903；台北：艺文印书馆，1959 重印。

《通纂》　郭沫若：《卜辞通纂》，东京：文求堂，1933；北京：科学出版社，1983 重印。

《屯南》　中国社会科学院考古研究所：《小屯南地甲骨》2 卷，北京：中华书局，1980，1983。

《外编》　董作宾：《殷虚文字外编》，台北：艺文印书馆，1956。

《文录》　孙海波：《甲骨文录》，河南通志馆，1938；台北：艺文印书馆，1971 重印。

《续编》　罗振玉：《殷虚书契续编》，1933；后在台北重印。

《续存》　胡厚宣：《甲骨续存》，上海：群联出版社，1955。

《邺三》　黄濬：《邺中片羽三集》，北京：通古斋，1940。

《遗珠》　金祖同：《殷契遗珠》，上海：中法文化出版委员会，1939；台北：艺文印书馆，1974 重印。

《乙编》　董作宾：《小屯第二本：殷虚文字：乙编》，中研院历史语言研究所，部分 1，南京，1948；部分 2，南京，1949；部分 3，台北，1953。

《佚存》　商承祚：《殷契佚存》，南京：金陵大学，1933。

《英藏》　李学勤、齐文心、艾兰(Sarah Allan)：《英国所藏甲骨集》,中国社会科学院历史研究所、伦敦大学亚非学院编辑,卷1,1－2分册,北京：中华书局,1985。

《摭续》　李亚农：《殷契摭佚续编》,北京,1941。

《缀合》　郭若愚、曾毅公、李学勤：《殷虚文字缀合》,北京：科学出版社,1955。

《缀新》　严一萍：《甲骨缀合新编》,台北：艺文印书馆,1975。

《叕存》　曾毅公：《甲骨叕存》,1939。

《综览》　松丸道雄、高岛谦一：《甲骨文字字释综览》,东京：东京大学出版社,1994。

《综类》　岛邦男：《殷墟卜辞综类》修订版,东京：汲古书店,1971。

中文文献

白川静

　　1983　《中国古代文化》,台北：文津出版社。

班固

　　1962　《汉书》,北京：中华书局,12册。

曹兵武

　　1994　《河南辉县及其附近地区环境考古研究》,《华夏考古》1994.3：61－67、78。

常玉芝

　　1987　《商代周祭制度》,北京：中国社会科学出版社。

常正光

　　1981　《殷历考辨》,《古文字研究》6：93－122;《古文字研究论文集》,《四川大学学报丛刊》10(1982)：147－175。

　　1982　《辰为商星解：释"辰,莀,晨"》,《古文字研究论文集》,《四川大学学报丛刊》10：137－146。

1983　《商族鸟图腾探源》,《贵州民族研究》1983.1：54－61。

1990　《殷人祭"出入日"文化对后世的影响》,《中原文物》
　　　　1990.3：66－71。

晁福林

1989　《关于殷墟卜辞中的"示"和"宗"的探讨》,《社会科学战
　　　　线》1989.3：158－166。

陈久金、张敬国

1989　《含山出土玉片图形试考》,《文物》1989.4：14－17。

陈梦家

1956　《殷虚卜辞综述》,北京：科学出版社。

丁山

1956　《甲骨文所见氏族及其制度》,北京：科学出版社；北京：
　　　　中华书局,1988 重印。

1961　《中国古代宗教与神话考》,上海：龙门联合书局。

1988　《四方之神与风神》,《中国古代宗教与神话考》,上海：文
　　　　艺出版社, 页 78－95；1961 初版。

丁骕

1994　《东薇堂读契记(三)》,《中国文字》19：1－34。

董作宾

1945　《殷历谱》,四川南溪：中研院历史语言研究所。

1948　《殷历谱后记》,《中研院历史语言研究所集刊》13：183－
　　　　208；1967 重印,页 807－832。

1950　《殷代月食考》,《中研院历史语言研究所集刊》22：
　　　　139－160。

1951　《大龟四版之四卜旬版年代订》,《大陆杂志》3.7：
　　　　214－216。

1951a《论商人以十日为名》,《大陆杂志》2.3：6－10。

1953　《殷代的纪日法》,《台湾大学文史哲学报》5：385－390；1967 重印：1005－1010。

1962　《卜辞中之大小采与大小食说》,《大陆杂志特刊》2：411－412。

1965　《甲骨学六十年》,台北：艺文出版社。

1967　《董作宾学术论著》二册,台北：世界书局。

范毓周

1983　《殷代的蝗灾》,《农业考古》1983.2：314－317。

冯时

1989　《殷墟"易卦"卜甲探索》,《周易研究》1989.2：13－21。

1990　《殷历岁首研究》,《考古》1990.1：19－42。

1990a《殷历月首研究》,《考古》1990.2：149－156。

1994　《殷卜辞四方风研究》,《考古学报》1994.2：131－154。

葛英会

1990　《周祭卜辞中的直系先妣及相关问题》,《北京大学学报·哲社版》1990.1：121－128。

管东贵

1962　《中国古代十日神话之研究》,《中研院历史语言研究所集刊》33：287－329。

何炳棣（亦见 Ho, Ping-ti）

1969　《黄土与中国农业的起源》,香港：香港中文大学出版社。

何崝

1994　《商文化窥管》,成都：四川大学出版社。

胡厚宣

1939　《卜辞杂例》,《中研院历史语言研究所集刊》8：399－456。

1944　《气候变迁与殷代气候之检讨》,《中国文化研究汇刊》4：

　　　1 - 84、289 - 290。

1944a《甲骨文四方风名考证》,胡厚宣编:《甲骨学商史论丛初集》,成都:齐鲁大学国学研究所,卷1,页6。

1944b《殷非奴隶社会论》,胡厚宣编:《甲骨学商史论丛初集》,成都:齐鲁大学国学研究所,卷1,页14。

1956　《释殷代求年于四方和四方风的祭祀》,《复旦学报》1956.1:49 - 86。

1959　《殷卜辞中的上帝和王帝(上下)》,《历史研究》1959.9:23 - 50;1959.10:89 - 110。

1977　《甲骨文所见商族鸟图腾的新证据》,《文物》1977.2:84 - 87。

1986　《殷卜辞中所见四方受年与五方受年考》,深圳大学国学研究所:《中国文化与中国哲学》,北京:东方出版社,页54 - 61。

黄天树

1991　《殷墟王卜辞的分类与断代》,台北:文津出版社。

黄展岳

1983　《殷商墓葬中人殉人牲的再考察》,《考古》1983.10:935 - 949。

吉德炜(亦见 David N. Keightley)

1989　《中国古代的吉日与庙号》,《殷墟博物苑苑刊》创刊号:20 - 32。

冀小军

1991　《说甲骨金文中表祈求义的𡂡字——兼谈𡂡字在金文车饰名称中的用法》,《湖北大学学报》1991.1:35 - 44。

江松

1994　《良渚文化的冠形器》,《考古》1994.4:343 - 345、354。

金兆梓

1956　《封邑邦国方辨》,《历史研究》1956.2：79-88。

李达良

1972　《龟版文例研究》,香港：香港中文大学出版社。

李孝定

1965　《甲骨文字集释》,《中研院历史语言研究所专刊之五十》卷8,南港。

李行健

1987　《也说"江""河"——从"江""河"含义的变化看词义的发展和词语的训释》,《语言学论丛》14：70-85。

李学勤、彭裕商

1996　《殷墟甲骨分期研究》,上海：上海古籍出版社。

李学勤(亦见 Li Xueqin)

1981　《论殷墟卜辞的"星"》,《郑州大学学报》1981.4：89-90。

1981a《西周甲骨的几点研究》,《文物》1981.9：7-12。

1985　《商代的四风与四时》,《中州学刊》1985.5：99-101。

1991　《论宾组胛骨的几种记事刻辞》,李学勤、齐文心、艾兰(Sarah Alan)编：《英国所藏甲骨集》,中国社会科学院历史研究所、伦敦大学亚非学院,卷二,第一部分,页161-176。

1992　《周易经传溯源：从考古学、文献学看〈周易〉》,长春：长春出版社。

李振宏

1989　《汉简甲子纪日错乱考》,《中原文物》1989.2：45-49。

连劭名

1988　《商代的四方风名与八卦》,《文物》1988.11：40-44。

1992　《甲骨刻辞丛考》《古文字研究》18：62-93。

1995　《殷墟卜辞所见商代的王畿》，《考古与文物》1995.5：38－43、66。

1996　《商代的秋冬祀典》，《人文中国学报》3：165－178。

1997　《商代的日书与卜日》，《江汉考古》1997.4：56－63。

连云港市博物馆、东海县博物馆、中国社会科学院简帛研究中心、中国文物研究所编

1997　《尹湾汉墓简牍》，北京：中华书局。

林沄（亦见 Lin Yun）

1979　《从武丁时代的几种"子卜辞"试论商代的家族形态》，《古文字研究》1：314－336。

刘桓

1990　《卜辞勿牛说》，《殷都学刊》1990.4：25－31。

刘牧灵

1988　《新乐遗址的古植被和古气候》，《考古》1988.9：846－848。

刘钊

1986　《释🔱》，《古文字研究》15：229－234；《考古与文物》1987.4：67－69。

龙宇纯

1976　《释甲骨文🔱字兼解牺尊》，《沈刚伯先生八秩荣庆论文集》，台北：联经出版事业公司，页1－15。

卢连成

1993　《中国古代都城发展的早期阶段——商代、西周都城形态的考察》，中国社会科学院考古研究所编著：《中国考古学论丛：中国社会科学院考古研究所建所40年纪念》，北京：科学出版社，页231－242。

罗琨

1997 《"五百四旬七日"试析》，"山东桓台殷商文明国际学术研讨会议"提交论文（会议报道见《文物》1986.6：96）。

马世骏等

1965 《中国东亚飞蝗蝗区的研究》，北京：科学出版社。

满志敏

1991 《黄淮海平原仰韶温暖期的气候特征探讨》，《历史地理》1991.10：261－272。

孟祥鲁

1994 《甲骨刻辞有韵文说》，杜爱英增补，"1994 年中国安阳甲骨文发现 95 周年国际学术纪念会（10 月 10－16 日）"提交论文（会议报道见《文物》1995.4：96）。

庞朴（亦见 Pang Pu）

1978 《"火历"初探》，《社会科学战线》1978.4：131－137。

彭邦炯

1983 《商人卜螽说——兼说甲骨文的秋字》，《农业考古》1983.2：309－313。

1990 《商代"众人"的历史考察——关于"众人"的新探索》，《先秦秦汉史》1990.6：35－43（初刊于《天府新论》1990.3：77－85）。

秦文生

1985 《殷墟非殷都考》，《郑州大学学报》1985.1：35－39。

裘锡圭（亦见 Qiu Xigui）

1978 《说"𤔲 𤳊 白大师武"》，《考古》1978.5：318、305。

1981 《论"历组卜辞"的时代》，《古文字研究》6：263－321；本文《勘误表》见《古文字研究》1983.8：237。

1983　《甲骨卜辞中所见的"田""牧""卫"等职官的研究——兼论"侯""甸""男""卫"等几种诸侯的起源》,《文史》19：1－13；收入氏著：《古代文史研究新探》,南京：江苏古籍出版社,1992,页343－365。

1983a《关于商代的宗族组织与贵族和平民两个阶级的初步研究》,《文史》17：1－26；收入氏著：《古代文史研究新探》,南京：江苏古籍出版社,1992,页296－342。

1989　《释殷墟卜辞中与建筑有关的两个词——"门塾"与"自"》,国家文物局古文献研究室编：《出土文献研究续集》,北京：文物出版社,页1－4。

1989a《甲骨文中所见的商代农业》,《农史研究》1989.8：12－41。

1990　《释殷墟卜辞中的"卒"和"𧝑"》,《文物》1990.3：8－17。

1992　《古代文史研究新探》,南京：江苏古籍出版社。

1993　《释殷墟卜辞中的"𪥌""𩁹"等字》,香港中文大学古文字会提交论文。

屈万里

1959　《河字意义的演变》,《中研院历史语言研究所集刊》30：143－155。

1961　《小屯第二本：殷虚文字·甲编考释》,台北：中研院历史语言研究所。

饶宗颐

1959　《殷代贞卜人物通考》,2册,香港：香港大学。

1961　《由卜兆记数推究殷人对于数的观念——龟卜象数论》,载《庆祝董作宾先生六十五岁论文集》,《中研院历史语言研究所外编》4：949－982。

1983　《殷代易卦及有关占卜诸问题》，《文史》1983.20：1-13。

1994　《前言》，《甲骨文通检：第二册：地名》，香港：香港中文大学出版社，页7-29。

1995　《前言》，《甲骨文通检：第三册：天文气象》，香港：香港中文大学出版社，页7-15。

1995a《殷卜辞所见星象与参、商、龙、虎、二十八宿诸问题》，《甲骨文通检：第三册：天文气象》，香港：香港中文大学出版社，页17-36。

任式楠

1995　《公元前五千年前中国新石器文化的几项主要成就》，《考古》1995.1：37-49。

如鱼

1991　《蛙纹与蛙图腾崇拜》，《中原文物》1991.2：27-36。

陕甘宁边区政府办公厅

1944　《展开反对巫神的斗争》，延安。

陕西省考古研究所

1990　《龙岗寺——新石器时代遗址发掘报告》，北京：文物出版社。

石璋如

1959　《小屯第一本：遗址的发现与发掘·乙编：殷虚建筑遗存》，台北南港：中研院历史语言研究所。

司马迁

1959　《史记》10册，北京：中华书局。

宋镇豪

1985　《试论殷代的记时制度——兼论中国古代分段记时制度》，胡厚宣编：《全国商史学术讨论会论文集》，《殷都学刊》编辑部，页302-336。

1985a《甲骨文"出日"、"入日"考》,《出土文献研究》,北京:文物
　　　出版社,页 33 - 40。

1991　《夏商人口初探》,《历史研究》1991.4：92 - 106。

孙明

1994　《先商文化与商丘的起源》,《中原文物》1994.3：25 - 28。

孙诒让

1986　《墨子间诂》2 册,北京:中华书局。

唐嘉弘

1988　《略论殷商的"作邑"及其源流》,《史学月刊》1988.1：
　　　1 - 5。

唐英亚

1975　《儒家经书中所见殷商时代之宗教思想》,《台北商专学
　　　报》1975.5：1 - 31。

王贵民

1983　《就殷墟甲骨文所见试说"司马"职名的起源》,胡厚宣编:
　　　《甲骨文与殷商史》,上海:上海古籍出版社,页 173 - 190。

王晖

1998　《周原甲骨属性与商周之际祭礼的变化》,《历史研究》
　　　1998.3：14 - 20。

王仁湘

1981　《新石器时代葬猪的宗教意义——原始宗教文化遗存探
　　　讨札记》,《文物》1981.2：79 - 85。

王宇信

1981　《建国以来甲骨文研究》,北京:中国社会科学出版社。

王玉哲

1984　《商族的来源地望试探》,《历史研究》1984.1：61 - 77。

温少峰、袁庭栋

1983 《殷墟卜辞研究：科学技术篇》，四川省社会科学院出版社。

吴浩坤、潘悠

1985 《中国甲骨学史》，上海：上海人民出版社。

夏含夷（亦见 Edward L. Shaughnessy）

1987 《早期商周关系及其对武丁以后殷商王室势力范围的意义》，《九州学刊》2.1：20 - 32。

肖春林

1995 《殷代的四方崇拜及相关问题》，《考古与文物》1995.1：44 - 48、7。

肖楠（曹定云、郭振禄、刘一曼、温明荣四人合称）

1989 《安阳殷墟发现"易卦"卜甲》，《考古》1989.1：66 - 70。

谢济

1982 《试论历组卜辞的分期》，胡厚宣等著：《甲骨探史录》，北京：生活·读书·新知三联书店，页 87 - 111。

辛夷

1987 《说半坡"人面网纹"彩陶盆》，《史学月刊》1987.4：99 - 100。

信阳地区文管会、罗山县文化馆

1981 《河南罗山县蟒张商代墓地第一次发掘简报》，《考古》1981.2：111 - 118。

徐振韬、蒋窈窔

1990 《中国古代太阳黑子研究与现代应用》，南京：南京大学出版社。

许进雄（亦见 Hsü Chin-hsiung）

1968 《殷卜辞中五种祭祀的研究》，台北：台湾大学文学院，《文史丛刊》26。

严一萍

　1955　《续殷历谱》，台北：艺文印书馆。

　1957　《卜辞四方风新义》，《大陆杂志》15.1：1 - 7。

　1978　《甲骨学》2 册，台北：艺文印书馆。

杨宝成

　1990　《殷墟为殷都辨》，《殷都学刊》1990.4：7 - 12。

杨伯峻

　1981　《春秋左传注》，北京：中华书局，1981(1990)。

杨树达

　1954　《甲骨文中之四方风名与神名》，《积微居甲文说》，北京：
　　　　中国科学院，页 52 - 57。

杨锡璋

　1989　《殷人尊东北方位》，载《庆祝苏秉琦考古五十五年论文
　　　　集》编辑组：《庆祝苏秉琦考古五十五年论文集》，北京：
　　　　文物出版社，页 305 - 314。

姚孝遂

　1985　《读〈小屯南地甲骨〉札记》，《古文字研究》12：107 - 124。

姚孝遂、肖丁

　1985　《小屯南地甲骨考释》，北京：中华书局。

　1988　《殷墟甲骨刻辞摹释总集》2 册，北京：中华书局。

　1989　《殷墟甲骨刻辞类纂》3 册(缩写为《类纂》)，北京：中华书局。

于省吾

　1979　《释冎》，《甲骨文字释林》，北京：中华书局，页 172 - 174。

　1996　《甲骨文字诂林》，北京：中华书局。

俞伟超

　1988　《中国古代公社组织的考察——论先秦两汉的"单—僤—
　　　　弹"》，北京：文物出版社。

詹开逊

　1994 《从新干青铜器的造型看商代中原文化对南方的影响》，《中原文物》1994.1：1－7、19。

张秉权

　1967 《甲骨文中所见人地同名考》，《庆祝李济先生七十岁论文集》，台北：清华学报社，页 687－776。

　1968 《祭祀卜辞中的牺牲》，《中研院历史语言研究所集刊》38：181－232。

　1970 《殷代的农业与气象》，《中研院历史语言研究所集刊》42：267－336。

张德水

　1993 《黄河流域图腾文化的考古学考察》，《中原文物》1993.1：32－35。

张明华

　1990 《良渚玉符试探》，《文物》1990.12：32－36、92。

张明华、王惠菊

　1990 《太湖地区新石器时代的陶文》，《考古》1990.10：903－907。

张培瑜

　1986 《殷墟卜辞历法研究综述》，《先秦史研究》12：1－14。

张亚初、刘雨

　1981 《从商周八卦数字符号谈筮法的几个问题》，《考古》1981.2：155－163、154。

张永山

　1982 《论商代的"众"人》，胡厚宣等编：《甲骨探史录》，北京：生活·读书·新知三联书店，页 192－264。

张永山、杨升南

1977　《试论殷墟五号墓的"妇好"》,《考古学报》1977.2：1－22。

张政烺

1973　《卜辞裒田及其相关诸问题》,《考古学报》1973.1：
　　　93－120。

1981　《释戈》,《古文字研究》6：133－140。

赵诚

1988　《甲骨文简明词典：卜辞分类读本》,北京：中华书局。

郑慧生

1984　《"殷正建未"说》,《史学月刊》1984.1：113－120。

郑杰祥

1994　《商代四方神名和风名新证》,《中原文物》1994.3：5－11。

1994a《殷代地理概论》,郑州：中州古籍出版社。

郑作新

1979　《中国动物志：鸟纲·第二卷：雁形目》,北京：科学出
　　　版社。

中国科学院考古研究所安阳发掘队

1972　《1971年安阳后冈发掘简报》,《考古》1972.3：14－25。

中国社会科学院考古研究所安阳工作队

1979　《1969－1977年殷墟西区墓葬发掘报告》,《考古学报》
　　　1979.1：27－146。

1981　《安阳小屯村北的两座殷代墓》,《考古学报》1981.4：
　　　491－518。

中国社会科学院考古研究所

1994　《殷墟的发现与研究》,北京：科学出版社。

中央气象局

1979　《中华人民共和国气候图集》,北京：地图出版社。

钟柏生

1972 《卜辞中所见殷王田游地名考——兼论田游地名研究方法》，台湾大学中国文学研究所硕士论文。

1992 《卜辞中所见殷代的军礼之二——殷代的大搜礼》，《中国文字》16：41－164。

周锋

1995 《全新世时期河南的地理环境与气候》，《中原文物》1995.4：111－114。

周国正（亦见 Chow Kwok-ching）

1983 《卜辞两种祭祀动词的语法特征及有关句子的语法分析》，国际中国古文字学研讨会论文集编辑委员会：《古文字学论集（初编）》，香港：香港中文大学，页229－307。

周鸿翔

1969 《卜辞对贞述例》，香港：万有图书公司。

朱炳海

1952 《天气谚语》，北京：开明书店。

朱凤瀚

1990 《殷墟卜辞所见商王室宗庙制度》，《历史研究》1990.6：3－19。

1990a《商周家族形态研究》，天津：天津古籍出版社。

日文文献

白川静

1955 《作册考》，氏著：《甲骨金文学论丛》2：1－63，京都，自印本。

1957 《殷代雄族考：其二：雀》，氏著：《甲骨金文学论丛》6：1－62，京都，自印本。

1962－1984 《金文通释》，《白鹤美术馆志》56 期，神户。

贝冢茂树

　　1971　《风の神の发展》,氏著:《中国の神话:神神の诞生》,东
　　　　　京:筑摩书房,页 76 - 109。

池田末利

　　1964　《殷墟书契后编释文稿》,广岛:广岛大学文学部中国哲学
　　　　　研究室。

赤冢忠

　　1977　《中国古代の宗教と文化:殷王朝の祭祀》,东京:角川
　　　　　书店。

　　1989　《甲骨文字干支》,《赤冢忠著作集 7:甲骨金文研究》,东
　　　　　京:研文社,页 237 - 281。

岛邦男

　　1953　《祭祀卜辞の研究》,弘前:弘前大学文理学部研究室。

　　1958　《殷墟卜辞研究》,弘前:弘前大学中国研究会。

　　1966　《卜辞上の历》,《日本中国学会报》18:1 - 22。

　　1971　《殷墟卜辞综类》修订版(缩写为《综类》),东京:汲古
　　　　　书院。

高岛谦一(亦见 Takashima, Ken-ichi)

　　1980　《妇好の疾病に关する一卜辞の试释》,《甲骨学》12:
　　　　　55 - 65。

　　1989　《殷代贞卜言语の本质》,《东洋文化研究所纪要》110:
　　　　　1 - 166。

林巳奈夫

　　1989　《中国古代の遗物に表はちれた"气"の图像的表现》,《东
　　　　　方学报》61:1 - 93。

柳本实

　　1966　《龟卜杂考——主として春秋时代における》,《新泻大学

教育部纪要》10：31－40。

末次信行

1991 《殷代气象卜辞之研究：附殷代の气候》，京都：玄文社。

松丸道雄

1963 《殷墟卜辞中の田猎につぃて——殷代国家构造研究のために》，《东洋文化研究所纪要》31：1－163。

1970 《殷周国家の构造》，《岩波讲座·世界历史》4：49－100。

天野元之助

1953 《殷代产业に关する若干の问题》，《东方学报》33：231－258。

1956 《殷代の农业とその社会构造》，《史学研究》62（1956）：1－16。

伊藤道治（亦见 Itō Michiharu）

1956 《卜辞に见える祖灵观念つぃて》，《东方学报》26：1－35。

1961 《宗教面から见た殷代の二三の问题——殷王朝の构造、その一》，《东洋史研究》20.3：268－290。

1990 《殷代史的研究》，樋口隆康编：《日本考古学研究者——中国考古学研究论文集》，香港：东方书店，页205－260。

西文文献

Allan，Sarah

1979 "Shang Foundations of Modern Chinese Folk Religion." In *Legend，Lore，and Religion in China: Essays in Honor of Wolfram Eberhard on His Seventieth Birthday*，ed. Sarah Allan and Alvin P. Cohen. San Francisco：Chinese Materials Center，pp.1－21.

1991　*The Shape of the Turtle: Myth, Art, and Cosmos in Early China*. Albany: State University of New York Press.

1993　"Art and Meaning," pp. 9 – 33; "Epilogue," pp. 161 – 176. In *The Problem of Meaning in Early Chinese Ritual Bronzes*, ed. Roderick Whitfield. Colloquies on Art and Archaeology in Asia, no. 15. London: Percival David Foundation of Chinese Art, School of Oriental and African Studies, University of London.

Anderson, Benedict

1991　*Imagined Communities: Reflections on the Origin and Sprend of Nationalism*. Revised ed. London, Verso.

Andrée, Richard

1906　"Scapulimantia." In *Boas Anniversary Volume*: Anthropological Papers in Honor of Franz Boas, ed. Berthold Laufer. New York Stechert, pp. 143 – 165.

An Zhisheng, Wu Xihao, Wang Pinxian, Wang Shuming, Dong Guang rong, Sun Xiangjun, Zhang De'er, Lu Yanchou, Zheng Shaohua, and Zhao Shonglin

1991　"Changes in the Monsoon and Associated Environmental Changes in China Since the Last Interglacial." In *Loess, Environment and Global Change* (*The Series of the XIII Inqua Congress*), ed. in chief, Tungsheng Liu(刘东生). Beijing: Science Press, pp. 1 – 29.

Bagley, Robert W.

1987　*Shang Ritual Bronzes in the Arthur M. Sackler Collections*. Washington, D.C. The Arthur M. Sackler Foundation and Museum; Cambridge, Mass.: Harvard

University Press.

1988   "Sacrificial Pits of the Shang Period at Sanxingdui in Guanghan County, Sichuan Province." *Arts Asiatiques* 43: 78 – 86.

1990   "A Shang City in Sichuan Province." *Orientations* 21. 11: 52 – 67.

1993   "An Early Bronze Age Tomb in Jiangxi Province." *Orientations* 24.7: 20 – 37.

1993a "Meaning and Explanation." In *The Problem of Meaning in Early Chinese Ritual Bronzes*, ed. Roderick Whitfield. Colloquies on Art and Archaeology in Asia, no. 15. London: Percival David Foundation of Chinese Art, School of Oriental and African Studies, University of London, pp.34 – 55.

1999   "Shang Archaeology." In The *Cambridge History of Ancient China*, ed. Michael Loewe and Edward L. Shaughnessy. New York: Cambridge University Press, pp.124 – 231.

Barbieri-Low, Anthony Jerome

1997   "Wheeled Vehicles in the Chinese Bronze Age (c. 2000 – 771B.C.)." M.A diss., Harvard University, 1 May.

Barnes, Gina L.

1993   *China, Korea and Japan: The Rise of Civilization in East Asia*. London: Thames and Hudson.

Basidov Vladimir N.

1990   "Chosen by the Spirits." In *Shamanism: Soviet Studies of Traditional Religion in Sberia and Central Asia*, ed. Marjorie Mandelstram Balzer Armonk. N.Y.: M. E Sharpe, pp.3 – 48.

Bellah, Robert N.

1970　*Beyond Belief: Essays on Religion in a Post-Traditional World*. New York: Harper and Row.

Bell Catherine

1992　*Ritual Theory, Ritual Practice*. New York: Oxford University Press.

Berry James F.

1978　"Appendix 1: Identification of the Inscribed Turtle Shells of Shang." In David N. Keightley, *Sources of Shang History: The Oracle-Bone Inscriptions of Bronze Age China*. Berkeley: University of California Press, pp.157 – 160, 189 – 191.

Biot Édouard, tr.

1851　*Le Theou-liou rites des Tcheou*. 3vols. Paris: Imprimerie nationale; Reprint, Taibei: Chengwen, 1969.

Birrell Anne M.

1993　*Chinese Mythology: An Introduction*. Baltimore: Johns Hopkins University Press.

1994　"Studies on Chinese Myth since 1970: An Appraisal, Part 2." *History of Religions* 34.1: 70 – 94.

Blakeley, Barry Burden

1970　"Regional Aspects of Chinese Socio-Political Development in the Spring and Autumn Period (722 – 464 B.C.): Clan Power in a Segmentary State." Ph.d. diss., University of Michigan.

Bloch, Maurice

　　1977　"The Past and the Present in the Present." *Man* 12:
　　　　278 - 292.

Bogoras, W.

　　1907　*The Chukchee Religion*. Memoirs of the American
　　　　Museum of Natural History 11. 2. Leiden and New
　　　　York.

Boltz, William G.

　　1994　*The Origin and Early Development of the Chinese
　　　　Writing System*. American Oriental Series, vol. 78.
　　　　New Haven, Conn.: American Oriental Society.

　　1999　"Language and Writing." In *The Cambridge History of
　　　　Ancient China*, ed. Michael Loewe and Edward L
　　　　Shaughnessy. New York: Cambridge University Press,
　　　　pp.74 - 123.

Bourguignon, Erika

　　1979　*Psychological Anthropology: An Introduction to
　　　　Human Nature and Cultural Differences*. New York:
　　　　Holt, Rinehart and Winston.

Bradley, Richard

　　1998　*The Significance of Monuments: On the Shaping of
　　　　Human Experience in Neolithic and Bronze Age
　　　　Europe*. London: Routledge.

Brashier, K. E.

　　1996　"Han Thanatology and the Division of 'Souls'." *Early
　　　　China* 21: 125 - 158.

Brooks, E. Bruce, and A. Taeko Brooks, trs.

1998   *The Original Analects: Sayings of Confucius and His Successors A New Translation and Commentary*. New York: Columbia University Press.

Buck, John Lossing

1937   *Land Utilization in China*. Shanghai: The Commercial Press.

Bucksbaum, Dessa Paulson

1978   "A Study of the Word *Fang* F（方）in the OBI."手稿,23 December.

Carrasco, David

1989   "The King, the Capital and the Stars: The Symbolism of Authority in Aztec Religion." In *World Archaeoastronomy*, ed. Anthony E Aveni. New York: Cambridge, pp.45 – 54.

Chang Cheng-lang

1986   "A Brief Discussion of Fu Tzu." In *Studies of Shang Archaeology: Selected Papers from the International Conference on Shang Civilization*, ed. K. C. Chang. New Haven, Conn.: Yale University Press, pp.103 – 119.

Chang, Kwang-chih or K. C.（张光直）

1976   "Food and Food Vessels in Ancient China." In Chang, *Early Chinese Civilization: Anthropological Perspectives*. Harvard-Yenching Institute Monograph Series, vol. 23. Cambridge, Mass.: Harvard University Press, pp.115 –148.

1976a   "A Classification of Shang and Chou Myths." In Chang, *Early Chinese Civilization: Anthropological Perspectives*. Harvard-Yenching Institute Monograph Series, vol. 23. Cambridge, Mass.: Harvard University Press, pp.149 –173.

1976b　"Changing Relationships of Man and Animal in Shang and Chou Myths and Art." In Chang, *Early Chinese Civilization: Anthropological Perspectives*. Harvard-Yenching Institute Monograph Series, vol. 23. Cambridge, Mass.: Harvard University Press, pp.174 - 196.

1976c　"Towns and Cities in Ancient China." In Chang, *Early Chinese Civilization: Anthropological Perspectives*. Harvard-Yenching Institute Monograph Series, vol. 23. Cambridge, Mass.: Harvard University Press, pp.61 - 71.

1978　"*T'ien kan:* A Key to the History of the Shang," *In Ancient China: Studies in Early Civilization*, ed. David T Roy and Tsuen-hsuin Tsien. Hong Kong: Chinese University Press, 1978, pp.13 - 42.

1980　*Shang Civilization.* New Haven, Conn.: Yale University Press.

1983　*Art, Myth, and Ritual: The Path to Political Authority in Ancient China.* Cambridge, Mass.: Harvard University Press.

1986　*The Archaeology of Ancient China.* 4th ed, revised and enlarged. New Haven, Conn.: Yale University Press.

1990　"The 'Meaning' of Shang Bronze Art." *Asian Art* 3.2: 9 - 17.

1999　"China on the Eve of the Historical Period." In *The Cambridge History of Ancient China: From the Origins of Civilization to 221B.C*, ed. Michael Loewe and Edward L. Shaughnessy. New York: Cambridge University Press, pp.37 – 73.

Chang, Te-zu

   1983   "The Origin and Early Cultures of the Cereal Grains and Food Legumes." In *The Origins of Chinese Civilization*, ed. David N. Keightley. Berkeley: University of California Press, pp.65 – 94.

Chang, Tsung-tung

   1970   *Der Kult der Shang-Dynastie im Spiegel der Orakelinschriften: Eine paläographische Studie zur Religion im archaischen China.* Wiesbaden: Harrassowitz.

Chapman, B. Burgoyne

   1937   "Climate." In *Land Utilization in China*, ed. John Lossing Buck. Shanghai: The Commercial Press. Vol. 1, pp.101 – 129.

Cheng Te-K'un

   1960   *Archaeology in China: Volume II: Shang China.* Cambridge: Heffer.

Childs-Johnson, Elizabeth

   1995   "The Ghost Head Mask and Metamorphic Shang Imagery." *Early China* 20: 79 – 92.

Chow, Kwok-ching（亦见周国正）

   1982   "Aspects of Subordinative Composite Sentences in the Period I Oracle Bone Inscriptions." Ph. d. diss., University of British Columbia.

Chu Ping-hai

   1967   *Climate of China.* Washington, D. C.: U. S.

Department of Commerce, Joint Publications Research Service (中文翻译版见朱炳海：《中国气候》，北京：科学出版社，1962).

Cohen, David J.

    1999   "The Origins of Domesticated Cereals and the Pleistocene-Holocene Transition in East Asia." *The Review of Archaeology*. Special Issue: *The Transition to Agriculture in the Old World* 19.2: 22 - 29.

Colby, Benjamin N., and Lore M. Colby

    1981   *"The Day Keeper: The Life and Discourse of an Ixil Diviner."*Cambridge, Mass.: Harvard University Press.

Cong, Y. Z., and Q. Y. Wei

    1989   "Study of Secular Variation (2000B.C.-1900AD) Based on Comparison of Contemporaneous Records in Marine Sediments and Baked Clays." *Physics of the Earth and Planetary Interiors* 56: 69 - 75.

Cook, Richard S.

    1995   "The Etymology of Chinese 辰 Chén." *Linguistics of the Tibeto-Burman Area* 18.2: 1 - 232.

Crawford, Gary W.

    1992   "Prehistoric Plant Domestication in East Asia." In *The Origins of Agriculture*, ed. C. Wesley Cowan and Patty Jo Watson. Washington, D. C.: Smithsonian, 1992, pp.7 - 38.

Creel Herrlee Glessner

    1937   *The Birth of China: A Study of the Formative Period of Chinese Civilization*. New York: Ungar.

1970　*The Origins of Statecraft in China. Volume One: The Western Chou Empire.* Chicago: University of Chicago Press.

Cressey, George Babcock

1934　*China's Geographic Foundation: A Survey of the Land and Its People.* New York: McGraw-Hill.

Debaine-Francfort, Corinne

1995　*Du Néolithique à l'age du bronze en Chine du nord-ouest: La culture de Qijia et ses connexions.* Paris: Editions Recherches sur les Civilisations.

DeBernardi, Jean.

1992　"Space and Time in Chinese Religious Culture." *History of Religions* 31: 247 – 268.

Devereux, Georges.

1968　"Considérations psychanalytiques sur la divination, particu-lièrement chez les Grecs." In *La Divination*, ed. André Caquot and Marcel Leibovici. Paris: Presses Universitaires de France. Vol. 2, pp.449 – 471.

Dorje Tseten

1995　"Tibetan Art of Divination." *Tibetan Bulletin* (March-Apil1995): 10 – 13.

Fiskesjö, Magnus

1994　"The Royal Hunt of the Shang Dynasty: Archaeological and Anthropological Perspectives." M. A. diss., University of Chicago, East Asian Languages and Civilizations.

Fogg Wayne H.

1983　"Swidden Cultivation of Foxtail Millet by Taiwan Aborigines: A Cultural Analogue of the Domestication of *Setaria italica* in China." In The *Origins of Chinese Civilization*, ed. David N. Keightley. Berkeley: University of California Press, pp.95 – 115.

Fong Wen, ed.

1980　*The Great Bronze Age of China: An Exhibition from the People's Republic of China*. New York: Metropolitan Museum of Art and Knopf.

Forke, Alfred, tr.

1907　*Lun Heng* (论衡). London: Luzac.

Fortes, Meyer

1945　*The Dynamics of Clanship among the Tallensi*. Oxford: Oxford University Press.

Franklin, Ursula Martius

1983　"On Bronze and Other Metals in Early China." In *The Origins of Chinese Civilization*, ed. David N. Keightley. Berkeley: University of California Press, pp.279 –296.

1983a "The Beginnings of Metallurgy in China: A Comparative Approach." *In The Great Bronze Age of China: A Symposium*, ed. George Kuwayama. Los Angeles: Los Angeles County Museum of Art; distributed by University of Washington Press, pp.100 – 123.

Fried, Morton H.

1983　"Tribe to State or State to Tribe in Ancient China?" In *The Origins of Chinese Civilization*, ed. David N.

Keightley. Berkeley: University of California Press, pp.467 –493.

Geertz, Clifford

1966 *Person, Time, and Conduct in Bali: An Essay in Cultural Analysis.* Cultural Report Series, no. 14. New Haven: Southeast Asia Studies, Yale University.

1973 *The Interpretation of Cultures.* New York: Basic Books.

Gibbs, Donald A.

1972 "Notes on the Wind: The Term 'Feng' in Chinese Literary Criticism." *In Transition and Permanence: Chinese History and Culture: A Festschrift in Honor of Dr. Hsiao Kung-ch'üan*, ed, David C. Buxbaum and Frederick W. Mote. Hong Kong: Cathay, 1972, pp.285 – 293.

Goody, Jack.

1968 "Time: Social Organization." In *International Encyclopedia of the Social Sciences*, ed. David L. Sills. New York: Macmillan and Free Press. Vol. 16, pp.30 – 42.

Handel, Zev

1997 "The Use of 今 *Jin*, 翌 *Yi*, and 来 *Lai* as Time Words with *Ganzhi* Dates in the Oracle Bone Inscriptions." Draft of February 1997(revised March 1999). Paper for History 281F/Chinese 220, University of California, Berkeley (Spring semester).

Harper, Donald

1997 "Warring States, Qin, and Han Manuscripts Related to

Natural Philosophy and the Occult." In *New Sources of Early Chinese History: An Introduction to the Reading of Inscriptions and Manuscripts*, ed. Edward L. Shaughnessy. Early China Special Monograph Series, no. 3. Berkeley: Society for the Study of Early China and Institute of East Asian Studies, University of California, pp.223 – 252.

1999 "Warring States Natural Philosophy and Occult Thought." In *The Cambridge History of Ancient China: From the Origins of Civilization to 221 B.C.*, ed. Michael Loewe and Edward L. Shaughnessy. New York: Cambridge University Press, 1999, pp.813 – 884.

Hawkes, David. tr.

1985 *The Songs of the South: An Ancient Chinese Anthology of Poems by Qu Yuan and Other Poets*. Harmondsworth, Middlesex: Penrguin Books.

Hayashi Minao

1993 "Concerning the Inscription 'May Sons and Grandsons Eternally Use this [Vessel].'" *Artibus Asiae* 53.1 – 2: 51 – 58.

Holzman, Donald

1996 *Landscape Appreciation in Ancient and Early Medieval China: The Birth of Landscape Poetry*. Hsin-chu, Taiwan, ROC: Program for Research of Intellectual-Cultural History, College of Humanities and Social Sciences, National Tsing Hua University.

Ho, Ping-ti（亦见何炳棣）

1975　*The Cradle of the East: An Inquiry into the Indigenous Origins of Techniques and Ideas of Neolithic and Early Historic China*, *5000 – 1000 B. C.* Hong Kong and Chicago: Chinese University of Hong Kong and University of Chicago Press.

1976　"The Chinese Civilization: A Search for the Roots of Its Longevity." *Journal of Asian Studies* 35.4: 547 – 557.

Horton, Robin

1974　"African Traditional Thought and Western Science." In *Rationality*, ed. Bryan R. Wilson. Oxford: Blackwell, 1974, pp.131 – 171.

Hsü Chin-hsiung(亦见许进雄)

1977　*The Menzies Collection of Shang Dynasty Oracle Bones: Volume II: The Text.* Toronto: Royal Ontario Museum.

Hsu, Cho-yun, and Katheryn M. Kinduff

1988　*Western Chou Civilization.* New Haven, Conn.: Yale University Press.

Hsu, Cho-yun

1999　"The Spring and Autumn Period." In *The Cambridge History of Ancient China: From the Origins of Civilization to 221B.C*, ed. Michael Loewe and Edward L. Shaughnessy. New York: Cambridge University Press, pp.545 – 586.

Hwang Ming-chorng

1996　"*Ming-t'ang*: Cosmology, Political Order, and Monuments in Early China." Ph. D. diss., Harvard

University, May.

Itō Michiharu

    1996   "Part One: Religion and Society." In Itō Michiharu and Kenichi Takashima, *Studies in Early Chinese Civilization: Religion, Society, Language, and Palaeography. Volume 1: Text. Volume 2: Tables and Notes.* Hirakata: Kansai Gaidai University Press. Vol.1, pp.1 – 178.

Jackson, John Brinkerhoff

    1980   *The Necessity for Ruins and Other Topics.* Amherst, Mass.: University of Massachusetts Press.

James, E.O.

    1957   *Prehistoric Religion: A Study in Prehistoric Archaeology.* New York: Barnes and Noble.

Jordan, David K, and Daniel L. Overmyer

    1986   *The Flying Phoenix: Aspects of Chinese Princeton.* N.J.: Princeton University Press.

Kalinowski, Marc

    1986   "Les traités de Shuihudi et l'hémérologie chinoise à la fin des Royaumes-Combattants." *T'oung Pao* 72: 175 – 228.

Karlgren, Bernhard

    1950   *The Book of Odes: Chinese Text, Transcription and Translation.* Stockholm: Museum of Far Eastern Antiquties.

    1957   *Grammata Serica Recensa.* Stockholm: Museum of Far Eastern Antiquities.

Keightley, David N.(亦见吉德炜)

1969　"Public Work in Ancient China: A Study of Forced Labor in the Shang and Western Chou." Ph. d. diss., Columbia University.

1969a　"[Review of] Shima Kunio(岛邦男), *Inkyo bokuji sōrui*(殷墟卜辞综类)." *Monumenta Serica* 28: 467 – 471.

1973　"Religion and the Rise of Urbanism." *Journal of the American Oriental Society* 93: 527 – 538.

1975　"Legitimation in Shang China." Paper prepared for the Conference on Legitimation of Chinese Imperial Regimes, Asilomar, Ca., 15 – 24 June.

1978　*Sources of Shang History: The Oracle-Bone Inscriptions of Bronze Age China.* Berkeley: University of California Press (2d printing, with minor revisions, 1985).

1978a　"The Religious Commitment: Shang Theology and the Genesis of Chinese Political Culture." *History of Religions* 17: 211 – 224.

1978b　"Space Travel in Bronze Age China?" *The Skeptical Inquirer* 3.2: 58 – 63.

1979 – 1980　"The Shang State as Seen in the Oracle Bone Inscriptions." *Early China* 5: 25 – 34.

1982　"Akatsuka Kiyoshi and the Culture of Early China: A Study in Historical Method." *Harvard Journal of Asiatic Studies* 42: 267 – 320.

1982a　"Kingship and Kinship: The Royal Lineages of Late Shang." Paper prepared for the International Conference on Shang Civilization, East-West Center,

Hawaii, 7 – 11 September.

1983　"The Late Shang State: When, Where, and What?" In *The Origins of Chinese Civilization*, ed. Keightley. Berkeley: University of California Press, pp.523 – 564.

1983a "Royal Shamanism in the Shang: Archaic Vestige or Central Reality?" Paper prepared for the workshop on Chinese divination and portent interpretation, Berkeley, Ca. 20 June-July.

1984　"Late Shang Divination: The Magico-Religious Legacy." In *Explorations in Early Chinese Cosmology*, ed. Henry Rosemont, Jr. *Journal of the American Academy of Religion Studies* 50.2: 11 – 34.

1985　"Dead But Not Gone: The Role of Mortuary Practices in the Formation of Neolithic and Early Bronze Age Chinese Culture, ca. 8000 to 1000 B.C.." Paper prepared for the conference "Ritual and the Social Significance of Death in Chinese Society," Oracle, Az. 2 – 7 January.

1987　"Astrology and Cosmology in the Shang Oracle Bone Inscriptions." *Cosmos* 3: 36 – 40.

1987a "Archaeology and Mentality: The Making of China." *Representations* 18: 91 – 128.

1988　"Shang Divination and Metaphysics." *Philosophy East and West* 38: 367 – 397.

1988a "Lucky Days, Temple Names, and the Ritual Calendar in Ancient China: An Alternative Hypothesis." Talk, University of Chicago, 19 April.

1989　"The Origins of Writing in China: Scripts and Cultural

Contexts." In *The Origins of Writing*, ed. Wayne M. Senner. Lincoln: University of Nebraska Press, pp.171 – 202.

1990　"Sources of Shang History: Two Major Oracle-Bone Collections Published in the People's Republic of China." *Journal of the American Oriental Society* 110.1: 39 – 59.

1990a "Dependent Labor I: The *Zhong* 众 and *Ren* 人." 手稿。

1991　"Divination and Kingship in Late Shang China." 书稿待刊。

1992　"Rainfall." 手稿,July.

1994　"In the Bone: Divination, Theology, and Political Culture in Late Shang China."Talk, Pre-Modern China Seminar, Fairbank Center, Harvard University, 17 October.

1995　"Divinatory Conventions in Late Shang China: A Diachronic and Contextual Analysis of Oracle-Bone *Qi* 其 and Related Issues."手稿,19 July.

1997　"Graphs, Words, and Meanings: Three Reference Works for Shang Oracle Bone Studies, With an Excursus on the Religious Role of the Day or Sun." *Journal of the American Oriental Society* 117: 507 – 524.

1997a "The Shang Lunar Months: Entering into Shang at the Waxing Moon." 手稿,2 August.

1997b "Shang Oracle-Bone Inscriptions." In *New Sources of Early Chinese History: An Introduction to the Reading of Inscriptions and Manuscripts*, ed. Edward L. Shaughnessy. Early China Special Monograph Series, no. 3. Berkeley: Society for the Study of Early China and Institute of East Asian Studies, University of California Berkeley, pp. 15 – 56.

1998 "Shamanism, Death, and the Ancestors Religious Mediation in Neolithic and Shang China (ca. 5000 – 1000 B.C.)." *Asiatische Studien* 52.3: 763 – 831.

1998a "The Science of the Ancestors: Divination, Curing, and Bronze Casting in Late Shang China." Paper prepared for the conference, "Intersecting Areas and Disciplines: Cultural Studies of Chinese Science, Technology, and Medicine," Center for Chinese Studies, University of California, Berkeley, 27 – 28 February.

1999 "At the Beginning: The Status of Women in Neolithic and Shang China." *Nan nü* 1: 1 – 63.

1999a "The Environment of Ancient China." In *The Cambridge History of Ancient China: From the Origins of Civilization to 221 B.C.*, ed. Michael Loewe and Edward L. Shaughnessy. New York Cambridge University Press, pp. 30 – 36.

1999b "The Shang China's First Historical Dynasty." In *The Cambridge History of Ancient China: From the Origins of Civilization to 221 B.C.*, ed. Michael Loewe and Edward L. Shaughnessy. New York: Cambridge University Press, pp. 232 – 291.

1999c "Theology and the Writing of History: Truth and the

Ancestors in the Wu Ding Divination Records." *Journal of East Asian Archaeology* 1.1 – 4: 207 – 230.

Kesner, Ladislav

1991　"The *Taotie* Reconsidered: Meanings and Functions of Shang Theriomorphic Imagery." *Artibus Asiae* 51.1 – 2: 29 – 53.

Kleeman, Terry

1994　"Mountain Deities in China: The Domestication of the Mountain God and the Subjugation of the Margins." *Journal of the American Oriental Society* 114. 2: 226 – 238.

Knoblock, John, and Jeffrey K. Riegel, trs.

2000　*The Annals of Lü Buwei*. Stanford, Calif.: Stanford University Press.

Kolb, Raimund Theodor

1991　*Die Infanterie im Alten China: Ein Beitrag zur Militärgeschichte der Vor-Zhan-Guo-Zeit*. Mainz: Philipp von Zabern.

Kryukov, M V.

1966　"Hsing and Shih: On the Problem of Clan Name and Patronymic in Ancient China." *Archiv Orientalni* 34: 535 – 553.

Kuriyama, Shigehisa

1994　"The Imagination of Winds and the Development of the Chinese Conception of the Body." In *Body, Subject and Power in China*, ed. Angela Zito and Tani E. Barlow. Chicago: University of Chicago Press, pp.23 – 41.

Landes, David S.

　1983　*Revolution in Time: Clocks and the Making of the Modern World*. Cambridge, Mass.: Belknap Press of Harvard University Press.

Lefeuvre J. A.

　1975　"Les inscriptions des Shang sur carapaces de tortue et sur os: aperçu historique et bibliographique de la découverte et des premières études." *T'oung Pao* 61: 1 - 82.

　1976 - 1978　"An Oracle Bone in the Hong Kong Museum of History and the Shang Standard of the Center." *Journal of the Hong Kong Archaeological Society* 7: 46 - 68.

　1990 - 1991　"Rhinoceros and Wild Buffaloes North of the Yellow River at the End of the Shang Dynasty: Some Remarks on the Graph G and the Character 兕." *Monumenta Serica* 39: 131 - 157.

　1997　"Grands et Petits Territoires." In *En suivant la Voie Royale: Mélanges en hommage à Léon Vandermeersch*, ed. Jacques Gernet and Marc Kalinowski. Études thématiques 7. Paris: École Française d'Extrême-Orient, pp.45 - 49.

Legge, James, tr.

　1861　*The Chinese Classics: Volume 1: Confucian Analects, The Great Learning, and The Doctrine of the Mean*. London: Trübner (Cited in the revised Taibei: Wenzhe, 1972, edition).

1865　*The Chinese Classics: Volume II: The Shoo King or the Book of Historical Documents*. London: Trübner (Cited in the revised Taibei: Wenzhe, 1972, edition).

1871　*The Chinese Classics: Volume IV: The She King or the Book of Poetry*. London: Trübner (Cited in the revised Taibei Wenzhe, 1972, edition).

1872　*The Chinese Classics: Volume V: The Ch'un Ts'ew with The Tso Chuen*. London: Trübner (Cited in the revised Taibei: Wenzhe, 1972, edition).

1879　*The Li Ki or Collection of Treatises on the Rules of Propriety or Ceremonial Usages*. In *The Sacred Books of the East*, ed. F Max Müller. Vols, 27 and 28. Oxford: Clarendon. Reprint, Delhi: Motilal Banarsidass, 1966.

Leonard, Warren H., and John H. Martin

1963　*Cereal Crops*. London: Macmillan.

Lewis, I. M.

1965　"Problems in the Comparative Study of Unilineal Descent." In *The Relevance of Models for Social Anthropology*, ed. Michael Banton. London: Tavistock, pp.87 – 112.

Libbrecht, U.

1990　"Prâna＝Pneuma＝Ch'i?" In *Thought and Law in Qin and Han China: Studies Dedicated to Anthony Hulsewé on the Occasion of his Eightieth Birthday*, ed. W. L. Idema and E. Zurcher. Leiden: E. J. Brill, pp.42 – 62.

Lienhardt, Godfrey

1961　*Divinity and Experience: The Religion of the Dinka*.

Oxford.

Li Ling

　1990　"Formulaic Structure of Chu Divinatory Bamboo Strips." *Early China* 15：73‑89. Tr. William G. Boltz.

Lin Yun

　1986　"A Reexamination of the Relationship between Bronzes the Shang Culture and of the Northern Zone." In *Studies of Shang Archaeology: Selected Papers from the International Conference on Shang Civilization*, ed. K C. Chang. New Haven, Conn.：Yale University Press, pp.237‑273.

Liu，Kam-biu

　1988　"Quaternary History of the Temperate Forests of China." *Quaternary Science Reviews* 7：1‑20.

Li Xueqin(亦见李学勤)

　1992‑1993　"A Neolithic Jade Plaque and Ancient Chinese Cosmology." *National Palace Museum Bulletin*; *Gugong tongxun Yingwen shuangyuekan* 故宫通讯英文双月刊 27.5‑6：1‑8.

　1993　"Liangzhu Culture and the Shang Dynasty *Taotie* Motif." In *The Problem of Meaning in Early Chinese Ritual Bronzes*, ed. Roderick Whitfield. Colloquies on Art and Archaeology in Asia, no. 15. London：Percival David Foundation of Chinese Art, School of Oriental and African Studies, University of London, pp.56‑66.

Loewe，Michael

　1988　"The Oracles of the Clouds and the Winds." *Bulletin of*

the School of Oriental and African Studies 51. 3:
500－520.

1994　*Divination*, *Mythology and Monarchy in Han China*.
University of Cambridge Oriental Publications 48.
Cambridge: Cambridge University Press.

Lukes, Steven

1973　*Emile Durkheim*, *his Life and Work: A Historical and
Critical Study*. London: Allen Lane.

Lévi-Strauss, Claude

1963　*Totemism*. Boston: Beacon.

Major, John

1979　"Notes on the Nomenclature of Winds and Directions."
T'oung Pao 65: 66－80.

1993　*Heaven and Earth in Early Han Thought: Chapters
Three*, *Four*, *and Five of the Huainanzi*. Albany:
State University of New York Press.

Mandrou, Robert

1977　*Introduction to Modern France*, *1500－1640: An Essay
in Historical Psychology*. Tr. R. E. Hallmark. New
York: Harper and Row.

Mei, Yi-pao tr.

1929　*The Ethical and Political Works of Motse*. London:
Arthur Probsthain, 1929 (Reissued, Westport, Conn.:
Hyperion Press, 1973).

Mitchell, W. J. T.

1994　"Introduction." In *Landscape and Power*, ed. Mitchell.
Chicago: University of Chicago Press, pp.1－4.

1994a "Imperial Landscape." In *Landscape and Power*, ed. Mitchell. Chicago: University of Chicago Press, pp.5 - 34.

Murowchick, Robert E.

1997 "The State of Sino-Foreign Collaborative Archaeology in China." *Orientations* 28.6: 26 - 33.

Nadel, Siegfried F.

1954 *Nupe Religion*. London: Oxford University Press.

Needham, Joseph and Francesca Bray

1984 *Science and Civilisation in China: Volume 6: Biology and Biological Technology. Part II: Agriculture*. Cambridge: Cambridge University Press.

Needham, Joseph, with the research assistance of Wang Ling

1959 *Science and Civilisation in China: Volume 3: Mathematics and the Sciences of the Heavens and the Earth*. Cambridge: Cambridge University Press.

Nelson, Sarah M.

1995 "Ritualized Pigs and the Origins of Complex Society Hypotheses Regarding the Hongshan Culture." *Early China* 20: 1 - 16.

Nienhauser, William H., jr., ed.

1994 *The Grand Scribe's Records: Volume 1: The Basic Annals of Pre-Han China by Ssu-ma Ch'ien*. Tr. Tsai-fa Cheng, Zongli Lu, William H. Nienhauser, Jr., and Robert Reynolds. Bloomington: Indiana University Press.

Nivison, David S.

1977　"The Prononimal Use of the Verb *Yu* (giug: 㞢, 㞢, 㞢, 有) in Early Archaic Chinese." *Early China* 3: 1 – 17.

1978 – 1979　"Royal 'Virtue' in Shang Oracle Inscriptions." *Early China* 4: 52 – 55.

1983　"The Dates of Western Zhou." *Harvard Journal of Asiatic Studies* 42: 481 – 580.

1996　"Response to K. Takashima, ' Towards a New Pronominal Hypothesis of Qi in Shang Chinese.'" In *Chinese Language, Thought, and Culture: Nivison and His Critics*, ed. Philip J. Ivanhoe. Chicago: Open Court, pp.267 – 277.

Norman, Jerry

1984　"A Note on the Origin of the Chinese Duodenary Cycle." *Linguistics of the Sino-Tibetan Area: The State of the Art. Papers Presented to Paul K. Benedict on his 71st Birthday.* Pacific Linguistics (Canberra: Department of Linguistics, Research School of Pacific Studies, Australian National University), Series C, special number, pp.85 – 89.

Pang Pu (P'ang P'u)

1985　"Origins of the Yin-Yang and Five Elements Concepts." *Social Sciences in China* (Spring): 91 – 131.

Pankenier, David W.

1981 – 1982　"Astronomical Dates in Shang and Western Zhou." *Early China* 7: 2 – 37.

1992　"Reflections of the Lunar Aspect on Western Chou

Chronology." *T'oung Pao* 78：33－76.

1995 "The Cosmo-Political Background of Heaven's Mandate."
   Early China 20：121－176.

Price，Nancy Thompson

1995 "The Pivot：Comparative Perspectives from the Four
   Quarters." *Early China* 20：93－120.

Pulleyblank，Edwin G.

1983 "The Chinese and their Neighbors in Prehistoric and
   Early Historic Times." In *The Origins of Chinese
   Civilization*， ed. David N. Keightley. Berkeley：
   University of California Press，pp.411－466.

1991 "The Ganzhi as Phonograms and Their Application to
   the Calendar." *Early China* 16：39－80.

1996 "Early Contacts between Indo-Europeans and Chinese."
   International Review of Chinese Linguistics 1.1：1－25.

Purseglove，J. W.

1972 *Tropical Crops：Monocotyledons*. London：Longman.

Qiu Xigui(亦见裘锡圭)

1983－1985 "On the Burning of Human Victims and the
   Fashioning of Clay Dragons in Order to Seek Rain as
   Seen in the Shang Dynasty Oracle-Bone Inscriptions."
   Early China 9－10：290－314.

1986 "An Observation on the State Functionaries *Tian*，*Mu*，
   and *Wei* in the Oracle-Bone Inscriptions and the Origins
   of the Princes *Hou*， *Dian*， *Nan*， and *Wei*." In
   *International Conference on Shang Civilization：
   Abstracts of the Papers Presented and a Summary of*

the Discussions, *East-West Center, Honolulu, Hawaii, 7 - 11 September 1982*, ed. Lothar von Falkenhausen. *Early China*, Supplement 1, pp.61 - 63.

Ramage, C. S.

1952 "Diurnal Variation of Summer Rainfall over East China, Korea and Japan." *Journal of Meteorology* 9: 83 - 86.

Rawson, Jessica.

1993 "Late Shang Bronze Design: Meaning and Purpose." In *The Problem of Meaning in Early Chinese Ritual Bronzes*, ed. Roderick Whitfield. Colloquies on Art and Archaeology in Asia, no. 15. London: Percival David Foundation of Chinese Art, School of Oriental and African Studies, University of London, pp.67 - 95.

Rickett, Allyn, and Adele Rickett

1973 *Prisoners of Liberation; Four Years in a Chinese Communist Prison*. Garden City, N. Y.: Anchor.

Robbins, Wilfred W.

1917 *Botany of Crop Plants: A Text and Reference Book*. Philadelphia: Blakiston's.

Sage, Steven F.

1991 *Ancient Sichuan and the Unification of China*. Albany: State University of New York Press.

Saliba, John A.

1976 *"Homo Religiousus" in Mircea Eliade: An Anthropologial Evaluation*. Leiden: Brill.

Schama, Simon

1995 *Landscape and Memory*. New York: Knopf.

Schmidt，Gerhard

1963 "Der Wind Also Phönix: Totem und Tabu." *Mitteilungen des Instituts für Orientforschung* 9: 383 – 391.

Schuessler，Alex

1987 *A Dictionary of Early Zhou Chinese.* Honolulu: University of Hawai'i Press.

Schwartz，Benjamin I.

1985 *The World of Thought in Ancient China.* Cambridge, Mass.: Harvard University Press.

Seiwert，Hubert

1980 "Orakelwesen im ältestern China: Shang-und Westliche Chou-dynastie." *Zeitschrift fur Missionswissenschaft und religionwissenschaft* 64: 208 – 236.

Serruys，Paul L-M.

1974 "The Language of the Shang Oracle Inscriptions." *T'oung Pao* 60: 12 – 120.

1981 "Towards a Grammar of the Language of the Shang Bone Inscriptions." *Zhongyang yanjiuyuan guoji Hanxue huiyi lunwenji: Yuyan wenzi zu* 中研院国际汉学会议论文集：语言文字组. Taibei: Academia Sinica，pp.313 – 364.

1982 "Basic Problems Underlying the Process of Identification of the Chinese Graphs of the Shang Oracular Inscriptions." *Zhongyang yanjiuyuan lishi yuyan yanjiusuo jikan* 中研院历史语言研究所集刊 (Bulletin of the Institute of History and Philology, Academia Sinica), 53: 455 – 494.

1986   "Notes on the Grammar of the Oracular Inscriptions of Shang." In *Contributions to Sino-Tibetan Studies*, ed. John McCoy and Timothy Light. Cornell Linguistic Contributions 5. Leiden: Brill, pp.203 - 257.

Shanks, Michael, and Christopher Tilley

1987   *Social Theory and Archaeology*. Oxford: Polity Press.

Shaughnessy, Edward L.(亦见夏含夷)

1980 - 1981   "'New' Evidence on the Zhou Conquest." *Early China* 6: 57 - 79.

1982 - 1983   "Recent Approaches to Oracle-Bone Periodization." *Early China* 8: 1 - 13.

1985 - 1987   "The 'Current' *Bamboo Annals* and the Date of the Zhou Conquest of Shang." *Early China* 11 - 12: 33 - 60.

1989   "Historical Geography and the Extent of the Earliest Chinese Kingdoms." *Asia Major*, 3d ser., 2: 1 - 22.

1991   *Sources of Western Zhou History: Inscribed Bronze Vessels*. Berkeley: University of California Press.

1996, tr. *I Ching: The Classic of Changes*. New York: Ballantine.

Shen-Gan-Ning Border Region Government Public Office

1980   "Develop the Struggle against the Shamans." *Chinese Sociology and Anthropology* (*The Chinese Approach to Shamanism*) 12. 4: 31 - 125. Tr. and ed. Richard C. Kagan (Translated from Shan Gan Ning bianqu zhengfu bangongting 1944).

Shinjō Shinzō

1926   "On the Development of Astronomical Sciences in the

Ancient Orient." *Scientific Japan*, *Past and Present*. *3rd Pan-Pacific Science Congress Volume*. Tokyo: Maruzen, pp.199 – 211.

Shi Yafeng, Kong Zhaozheng, Wang Sumin, Tang Lingyu, Wang Fubao, Yao Tandong, Zhao Xitao, Zhang Peiyuan, and Shi Shaohua.

    1993 "Mid-Holocene Climates and Environments in China." *Global and Planetary Change* 7: 219 – 233.

Soothill, William Edward

    1951 *The Hall of Light: A Study of Early Chinese Kingship*. London: Lutterworth.

Southall, Aidan

    1956 *Alur Society: A Study in Processes and Types of Domination*. Cambridge: Heffer.

Sun Xiaochun and Jacob Kistemaker

    1997 *The Chinese Sky during the Han: Constellating Stars and Society*. Leiden: Brill.

Takashima, Ken-ichi, and Anne O. Yue

    2000 "Evidence of Possible Dialect Mixture in the Oracle-Bone Inscriptions." In *Li Fanggui xiansheng jinian lunwenji* 李方桂先生纪念论文集, ed. Anne Yue, Ting Pang-hsin, and Ho Dahan. Taipei: Institute of History and Philology, Academia Sinica.

Takashima, Ken-ichi(亦见高岛谦一)

    1973 "Negatives in the King Wu-ting Bone Insciptions." Ph.D. diss., University of Washington.

    1979 – 1980 "Some Philological Notes to Sources of Shang

History." *Early China* 5: 48 – 55.

1980a "The Early Archaic Chinese Word *Yu* in the Shang Oracle-Bone Inscriptions: Word-Family, Etymology, Grammar, Semantics and Sacrifice." *Cahiers de linguistique Asie Orientale* 8: 81 – 112.

1984 "Nominalization and Nominal Derivation with Particular Reference to the Language of the Oracle-Bone Inscriptions." *Papers in East Asian Languages* 2: 25 – 74.

1984 – 1985 "Noun Phrases in the Oracle-Bone Inscriptions." *Monumenta Serica* 36: 229 – 302.

1985 "On the Quantitative Complement in Oracle Bone Inscriptions." *Journal of Chinese Linguistics* 13. 1: 44 – 67.

1988 "An Emphatic Verb Phrase in the Oracle Bone Inscriptions. " *Zhongyang yanjiuyuan lishi yuyan yanjisuo jikan* 中研院历史语言研究所集刊 (Bulletin of the Institute of History and Philology, Academia Sinica), 59. 3: 653 – 694 (A revised version of this article appears in Itō Michiharu and Ken-ichi Takashima, *Studies in Early Chinese Civilization: Religion, Society, Language, and Palaeography. Volume 1: Text. Volume 2: Tables and Notes.* Hirakata: Kansai Gaidai University Press, 1996, Vol. 1, pp.259 – 288, Vol. 2, pp.90 – 99).

1988 – 1989 "An Evaluation of the Theories Concerning the Shang Oracle-Bone Inscriptions." *The Journal of*

　　　　Intercultural Studies (*Kansai University*), 15－16：
　　　　11－54（此为高岛谦一1989的简化版）.

1990　"A Study of the Copulas in Shang Chinese." *The Memoirs of the Institute of Oriental Culture* (University of Tokyo), 112：1－92.

1994　"The Modal and Aspectual Particle *Qi* in Shang Chinese." In *Papers of the First International Congress on Pre-Qin Chinese Grammar*, ed. Robert H. Gassman and He Leshi. Changsha：Yuelushushe, pp.479－565.

1996　"Toward a New Pronominal Hypothesis of Qi in Shang Chinese." In *Chinese Language*, *Thought*, *and Culture: Nivison and His Critics*, ed. Philip J. Iva2nhoe. Chicago：Open Court, pp.3－38.

Tedlock, Barbara

1992　*Time and the Highland Maya*. Albuquerque：University of New Mexico Press.

Thomas, Keith

1983　*Man and the Natural World: A History of the Modern Sensibility*. New York：Pantheon.

Thorp, Robert L.

1988　"The Archaeology of Style at Anyang：Tomb 5 in Context." *Archives of Asian Art* 41：47－69.

Tjan Tjoe Som, tr.

1952　*Po Hu T'ung: The Comprehensive Discussions in the White Tiger Hall*. 2 vols. Leiden：Brill.

Trewartha, Glenn T.

1954　*An Introduction to Climate*. New York：McGraw-Hill.

Tuan, Yi-fu

1974 *Topophilia: A Study of Environmental Perception, Attitudes, and Values.* Englewood Cliffs, N. J.: Prentice-Hall.

Vandermeersch, Léon

1977 *Wangdao ou la voie royale: Recherches sur l'esprit des institutions de la Chine archaique. Tome I: Structures cultuelles et structures familiales.* Publications de l'École française d'extrême-orient 113. Paris: L'École française d'extrême-orient.

Waley, Arthur, tr.

1960 *The Book of Songs.* New York: Grove.

Wallace, A. F. C.

1966 *Religion: An Anthropological View.* New York Random House.

Wang Aihe

2000 *Cosmology and Political Culture in Early China.* Cambridge University Press.

Wang, Tao

1993 "A Textual Investigation of the *Taotie*." In *The Problem of Meaning in Early Chinese Ritual Bronzes,* ed. Roderick Whitfield. Colloquies on Art and Archaeology in Asia, no. 15. London: Percival David Foundation of Chinese Art, School of Oriental and African Studies, University of London, pp.102 – 118.

Waterbury, Florance

1942 *Early Chinese Symbols and Literature: Vestiges and*

Speculations, *With Particular Reference to the Ritual Bronzes of the Shang Dynasty*. New York: E. Weyhe.

1952 *Bird-Deities in China*. Ascona, Switzerland: Artibus Asiae.

Watson, Burton

1962 *Early Chinese Literature*. New York: Columbia University Press.

Watson, Burton, tr.

1989 *The Tso chuan: Selections from China's Oldest Narrative History*. New York: Columbia University Press.

1993 *Records of the Grand Historian: Han Dynasty* I , II . Rev. ed. Hong Kong and New York: Renditions and Columbia University Press.

Watson, William.

1971 *Cultural Frontiers in Ancient East Asia*. Edinburgh: Edinburgh University Press.

Watts, I. E. M.

1969 "Climates of China and Korea." In *Climates of Northern and Eastern Asia*, World Survey of Climatology, vol. 8, ed. H. Arakawa. Amsterdam: Elsesvier, pp.1 - 117.

Wei, Q. Y., T. C. Li, G. Y. Chao, W. S. Chang, and S. P. Wang

1981 "Secular Variation of the Direction of the Ancient Geomagnetic Field for Loyang Region, China." *Physics of the Earth and Planetary Interiors* 25: 107 - 112.

Wei, Q. Y., T. C. Li, G. Y. Chao, W. S. Chang, S. P. Wang, and S. F. Wei

1983 "Results from China." In *Geomagnetism of Baked Clays and Recent Sediments*, ed. K. M. Creer, P. Tucholka, and C. E. Barton. Amsterdam: Elsevier, pp.138 – 150.

Wheatley, Paul

1971 *The Pivot of the Four Quarters: A Preliminary Enquiry into the Origins and Character of the Ancient Chinese City.* Chicago: Aldine.

Whitfield, Roderick, ed.

1993 *The Problem of Meaning in Early Chinese Ritual Bronzes.* Colloquies on Art and Archaeology in Asia, no.15. London: Percival David Foundation of Chinese Art, School of Oriental and African Studies, University of London.

Whittaker, Gordon

1990 *Calendar and Script in Protohistorical China and Mesoamerica: A Comparative Study of Day Names and Their Signs.* Bonn: Holos.

Wieger, Leon

1963 *Caractères Chinois: Etymologies, graphies, lexiques.* 7th ed. Taichung: Kuangchi (First published 1899).

Wilhelm, Richard, tr.

1969 *The I Ching or Book of Changes.* Bollingen Series 19. 3d ed., with corrections. Tr. Cary F. Baynes. Princeton, N. J.: Princeton University Press.

Winkler Marjorie G, and Pao K. Wang

1993　"The Late Quaternary Vegetation and Climate of China." In *Global Climates since the Last Glacial Maximum*, ed. H. E. Wright, Jr., J. E. Kutzbach, T Webb Ⅲ, W. F.Ruddiman, F. A. Street-Perrott, and P. J. Bartlein. Minneapolis: University of Minnesota Press, pp.221－264.

Wittfogel, Karl A.

1940　"Meteorological Records from the Divination Inscriptions of Shang." *The Geographical Review* 30: 110－133.

Wu Hung

1985　"Bird Motifs in Eastern Yi Art." *Orientations* 16.10: 30－41.

Xiao Tong

1982　*Wen xuan or Selections of Refined Literature. Volume One: Rhapsodies on Metropolises and Capitals*. Tr. David R. Knechtges. Princeton, N. J.: Princeton University Press.

1996　*Wen xuan or Selections of Refined Literature. Volume Three: Rhapsodies on Natural Phenomena*, *Birds and Animals*, *Aspirations and Feeling*, *Sorrowful Laments*, *Literature*, *Music and Passions*. Tr. David R. Knechtges. Princeton, N. J.: Princeton University Press.

Xiong Chuanxin

1993　"Zoomorphic Bronzes of the Shang and Zhou Periods." In *The Problem of Meaning in Early Chinese Ritual*

Bronzes, ed. Roderick Whitfield. Colloquies on Art and Archaeology in Asia, no. 15. London: Percival David Foundation of Chinese Art, School of Oriental and African Studies, University of London, pp.96 – 101.

Yates, Robin D. S.

1994　"The Yin-Yang Texts from Yinqueshan: An Introduction and Partial Reconstruction, with Notes on their Significance in Relation to Huang-Lao Daoism." *Early China* 19: 75 – 144.

1995　"State Control of Bureaucrats under the Qin: Techniques and Procedures." *Early China* 20: 331 – 366.

1997　"Purity and Pollution in Early China." *Integrated Studies of Chinese Archaeology and Historiography*. Symposium Series of the Institute of History and Philology, Academia Sinica, no. 4. Taipei: Academia Sinica, pp.479 – 536.

Zhao Dianzeng

1996　"The Sacrificial Pits at Sanxingdui." In *Mysteries of Ancient China: New Discoveries from the Early Dynasties*, ed. Jessica Rawson. London: British Museum Press, pp.232 – 239.

早期中国研究丛书

（精装版）

图书在版编目（CIP）数据

祖先的风景：商代晚期的时间、空间和社会：约公
元前 1200—前 1045 年 /（美）吉德炜（David N. Keightley）
著；陈嘉礼译. —上海：上海古籍出版社，2021.11（2023.11 重印）
（早期中国研究丛书）
ISBN 978-7-5732-0118-8

Ⅰ.①祖… Ⅱ.①吉… ②陈… Ⅲ.①中国历史—研
究—商代 Ⅳ.①K223.07

中国版本图书馆 CIP 数据核字（2021）第 232316 号

*The Ancestral Landscape: Time，Space，and Community in Late Shang
China（ca. 1200-1045 B.C.）*
by David N. Keightley
Original Copyright © 2000 The Regents of the University of California.
Simplified Chinese translation rights Copyright © 2020 The Regents of the
University of California. Published by arrangement with the Institute
of East Asian Studies，University of California，Berkeley.

早期中国研究丛书
祖先的风景：商代晚期的时间、空间和社会
（约公元前 1200-前 1045 年）
吉德炜（David N. Keightley）　著
陈嘉礼　译

上海古籍出版社出版发行
（上海市闵行区号景路 159 弄 1-5 号 A 座 5F　邮政编码 201101）
　　（1）网址：www.guji.com.cn
　　（2）E-mail：guji1@guji.com.cn
　　（3）易文网网址：www.ewen.co
苏州市越洋印刷有限公司印刷
开本 890×1240　1/32　印张 7.125　插页 5　字数 173,000
2021 年 11 月第 1 版　2023 年 11 月第 2 次印刷
印数：3,101—4,200
ISBN 978-7-5732-0118-8
K·3067　定价：56.00 元
如有质量问题，请与承印公司联系